Hola Queridos Míos

Otros libros de
Wayne (Ram Tzu) Liquorman:

NO WAY para los Espiritualmente "Avanzados"

Aceptación de Lo Que ES… un libro sobre la Nada

No le des Vueltas

La Iluminación no es lo que Crees

HOLA QUERIDOS MÍOS

10 años de correspondencia con
buscadores de la Verdad

Wayne Liquorman
EDITADO POR PAUL RATHJE

Copyright © 2015–Advaita Fellowship

Publicado en los Estados Unidos por:

Advaita Press
PO Box 3479
Redondo Beach, CA 90277
Tel: 310-376-9636
Email: fellowship@Advaita.org
www.Advaita.org

Originally published in English as Hello My Loves...
10 years of writings to seekers of Truth. ISBN 978-0-929448-42-8

Traducido al español: María Ferrara

ISBN Edición rústica: 978-0-929448-45-9

Library of Congress Control Number: 2015906207

Todos los derechos reservados. No se permite la reproducción o transmisión de ninguna parte de este libro, en ninguna forma o medio, electrónico o mecánico, inclusive fotocopias, grabaciones o cualquier sistema de almacenamiento y recuperación de información, de no ser con el consentimiento por escrito de Advaita Fellowship o de sus agentes, exceptuando la inclusión de citas breves en una reseña.

Para Jaki
Que aportó luz en estos años

PREFACIO

Estas cartas fueron escritas entre 2004 y 2013 como parte de los boletines que Wayne envió a buscadores espirituales de todo el mundo. Describen sus experiencias como maestro de Advaita, que ahora también llama *La Enseñanza Viva*. Documentan sus viajes, su relación con Ramesh Balsekar, sus reacciones a acontecimientos de actualidad y respuestas a preguntas de buscadores espirituales. A pesar de no haber sido escritas con un libro en mente, son un diario conmovedor de nacimientos y muertes, de la familia de Wayne y de la gran familia de buscadores, así como del desarrollo de su *Enseñanza*. Cubren tanto lo global como lo personal en un arco que resulta familiar y siempre acaba señalando al mismo sitio. Tanto leídas de principio a fin en una sentada, como una al día, como al azar, su lectura es sin duda interesante.

Si has asistido a una Charla sobre Advaita en casa de Wayne, puede que reconozcas el hermoso pez Koi – misterioso, simpático, genial e inquisitivo.

Paul Rathje

Enero 2003

¡Feliz Año Nuevo!

Según me preparo para ir a visitar a mi querido Ramesh, me admiro de la maravilla que es esta Vida. La inmensidad y variedad de experiencia en este mundo manifiesto es de una magnitud imponente. La profundidad con la que podemos Amar, la riqueza con la que podemos sentir, y lo terriblemente que podemos sentir dolor me llenan de gratitud por este regalo que es la vida.

Mi deseo de Año Nuevo para todos nosotros es que el año que empieza nos traiga todo lo que necesitamos, y no todo lo que merecemos.

Wayne

FEBRERO 2003

Hola queridos míos:

Como siempre, fue una alegría increíble estar con mi querido Ramesh en Bombay el último mes. Se encuentra en perfecta forma, saludable y robusto, y tan agudo y Amoroso como siempre. A pesar de que era el punto álgido de la "temporada de buscadores" (enero es el mes de clima más agradable en Bombay), raramente se juntaron más de 40 personas en las Charlas que Ramesh da diariamente en su piso. Siempre me sorprende que no haya 10.000 personas acampando a la puerta de Ramesh, pero él a menudo nos recuerda que su Enseñanza nunca ha sido para las masas. Aquellos de nosotros que hemos sido guiados hasta él y su enseñanza Advaita, nos consideramos realmente afortunados.

La Enseñanza de Ramesh continua evolucionando y expandiéndose. Actualmente, Ramesh hace hincapié en la "facilidad y comodidad en la vida diaria", y en breve se publicará un nuevo libro con este enfoque.

Hay algunas fotos del viaje... en el sitio web de Advaita. org. ¡DISFRUTÁDLAS!

Con mucho amor,

Wayne

MARZO 2003

Hola queridos míos:

Todo el mundo habla de LA GUERRA, porque las noticias hablan de LA GUERRA. La Enseñanza Advaita no se posiciona sobre estas cuestiones, más allá de señalar que la guerra existe. Aceptar este hecho conduce a la paz dentro del ojo del huracán. Esta paz puede coexistir con acciones que expresen oposición a lo que sea que esté sucediendo. Así que es posible aceptar al mismo tiempo que se participa en una manifestación por la paz o se comete un acto violento. La Aceptación que señala esta Enseñanza subyace tanto la acción como la no acción, y no defiende ninguna de las dos.

Disfruté mucho de nuestro viaje a Sedona la semana pasada. El grupo que encontramos era especialmente dulce... interesado, amoroso y vivo. Incluso tuvimos un poco de nieve espolvoreada por encima de las magníficas rocas rojas. Hay algunas fotos del viaje en el sitio web de Advaita. org, archivadas en EVENT PHOTOS. ¡DISFRUTÁDLAS!

Con mucho amor,

ABRIL 2003

Hola queridos míos:

Ayer recibí una copia del nuevo libro de Ramesh, *Paz y Armonía en la Vida Diaria* y me impresionaron mucho tanto el contenido como la maquetación y el diseño. Este libro resultará particularmente atractivo a las personas para las que la Enseñanza Advaita sea algo nuevo porque, como sugiere el título, está enfocado desde la vida cotidiana. Para los lectores que estén más familiarizados con Ramesh y su Enseñanza... es sencillamente un placer, el buen Ramesh de siempre presentado con el hábil toque de su última editora, Susan Waterman.

Fue un placer pasar tiempo con la gente de Boulder el fin de semana pasado, y este próximo me acercaré a Ross en la zona de la Bahía de San Francisco, donde las Charlas son siempre animadas y el grupo es, como poco, ecléctico.

Hay algunas fotos de las Charlas en Boulder en el sitio web de Advaita.org, archivadas en EVENT PHOTOS. ¡DISFRUTÁDLAS!

Con mucho amor,

Wayne

Junio 2003

Hola queridos míos:

Acabo de llegar hace poco de Europa, y una vez más me asombro de la increíble bendición que es esta Enseñanza y de lo tenaz que es. A veces me recuerda a una de esas plantas que crecen a través de una grieta en la acera... inesperada, singular y fuerte. En este viaje he conocido a Paolo, que vino a las Charlas en Roma desde su hogar en Sicilia. Una copia traducida de *Habla la Consciencia* había llegado no se sabe cómo hasta sus manos y le había tocado profundamente. Nos contó cómo la Enseñanza había cambiado su vida, trayéndole una sensación de Conocimiento a lo que antes eran solo preguntas y confusión. Escuchándole y viendo como los ojos se le llenaban de lágrimas de gratitud, me sentí renovado.

Esta Enseñanza, apreciada por tan pocos y malentendida por tantos, tiene el poder de transformar las vidas de maneras inimaginables. Va a donde tiene que ir, se arraiga en los lugares más insospechados y justamente cuando nos parece que estamos de vuelta, siempre nos sorprende.

Sin duda es una Bendición ser el instrumento a través del cual sucede esta espléndida Enseñanza.

Con mucho amor,
Wayne

Julio 2003

Hola queridos míos:

Este es el mes de Gurú Purnima, el momento en el que se honra y se festeja al Gurú (como Origen y como maestro). Este año, la luna llena del Gurú cae en 13 de julio. En Mumbai, en el piso de Ramesh, se ofrecerá un refrigerio (la esposa de Ramesh, Sharda, servirá su famoso café con hielo y unos deliciosos dulces). Aquellos de nosotros que no tenemos la fortuna de poder estar en India físicamente para la ocasión podremos contentarnos con el último libro de Ramesh, que se titula (muy apropiadamente)... *Gurú Purnima*. En él, Ramesh y algunos de los que le queremos hemos escrito sobre esta, la más gozosa y profunda de las relaciones humanas.

¡Estáis avisados! Si no podéis acudir a la Charla, por favor uníos a nosotros a través del webcast en vivo. Al igual que la Enseñanza misma, es totalmente gratis.

Me siento muy agradecido con aquellos que, con su generosidad, han hecho posible que yo viva y Enseñe. Muchos habéis ofrecido vuestro amor y vuestro apoyo, directamente o como miembros de Advaita Fellowship. Quiero que sepáis que me doy cuenta y que lo valoro. No importa que no hayamos hablado o no nos hayamos visto recientemente. Esta relación no exige nada y no tiene una forma establecida. No pide nada, más allá de tener el corazón abierto... e incluso esto puede cambiar. Estéis donde estéis en este Gurú Purnima, sean cuales sean vuestros pensamientos, sea quien sea la persona que os atrae... sabed que sois bien y verdaderamente amados.

Agosto 2003

Hola queridos míos:

Llevo en casa sin viajar 7 semanas. Este es con diferencia el periodo de tiempo más largo que paso en casa de todo el año, y ha sido un placer no tener que plegar este cuerpo tan grande para que quepa en un diminuto asiento de avión. Sin embargo, ahora llega el momento de volver a ponerse en marcha para haceros una visita a algunos de los que vivís en el norte de California y en Arizona. Esta es el mejor aspecto de esto de enseñar... las personas tan maravillosas que han aparecido en mi vida.

Me considero infinitamente bendecido por encontrar tanto Amor... es como si se apareciese donde quiera que voy, y cuando estoy en casa, simplemente entra por la puerta y se sienta. ¡Asombroso!

Cuando Jaki y yo estuvimos en Bombay visitando a Ramesh en enero vimos un avance de la serie de películas que un cineasta muy talentoso, Mutribo, había estado haciendo sobre Ramesh. ¡Las películas están ahora terminadas y son absolutamente magníficas!

Una de ellas es una colección de siete DVDs, cada uno de los cuales contiene una entrevista con Ramesh. Conjuntamente ofrecen el panorama más completo de la Enseñanza de Ramesh que se puede encontrar actualmente. La otra la componen dos DVDs sobre el retiro/seminario de Ramesh en Kovalam, India, en 2002. La edición y la cinematografía son estupendas en todos los DVDs. Más información a continuación. Los recomiendo sin reservas. ¡Disfrutadlos!

A todos los que se unieron a nosotros en vivo o a través de la web en Gurú Purnima y a todos los que nos recordaron con regalos y buenos deseos… Gracias.

Con mucho amor,

Wayne

SEPTIEMBRE 2003

Hola queridos míos:

A veces me asombro de los efectos de esta Enseñanza. El mes pasado me visitó un radiólogo de Santa Fe, Nuevo México, especializado en el diagnóstico del cáncer de mama. Muchas veces a la semana debe informar a mujeres de que van a perder un pecho o de que quizás mueran. Me habló de cómo la Enseñanza había transformado su manera de relacionarse con su trabajo. Mientras que antes solo pensaba en conseguir dinero suficiente para retirarse, después de que la Enseñanza le "infectara" se descubrió trabajando de manera abierta y feliz. Describió lo agradecido que estaba por poder ser testigo de la increíble fuerza y dignidad que demostraban tener algunas de estas mujeres y por participar en sus vidas.

Su historia y su manifestación de gratitud silenciosa me conmovieron profundamente. Mi deseo para todos vosotros es que seáis bendecidos de igual manera.

Con mucho amor,

Wayne

NOVIEMBRE 2003

Hola queridos míos:

Ya hemos vuelto de Maui, donde hemos disfrutado de otra gloriosa semana más conectando de corazón con un grupo maravilloso en medio de la increíble belleza natural de esa magnífica isla.

Una tarde íbamos conduciendo por una estrecha carretera rural a través de la selva, verde y exuberante. Acabábamos de bañarnos en una solitaria laguna bajo una catarata. Veníamos de vuelta de una parte abrupta de la costa, donde habíamos estado sentados durante horas viendo como las enormes olas rompían sobre las negras rocas de lava disparando espuma sobre el cielo, de un azul inconcebible.

A través de un claro en la colorida vegetación vislumbramos el jardín delantero de una de las casas. Entre los esqueletos herrumbrosos de coches y electrodomésticos abandonados había una jaula elevada con dos afligidos perros medio muertos de hambre dentro. También había otras jaulas con gallos de pelea y perros feroces encadenados a estacas clavadas en la tierra. La escena entera era cruel y malsana. Era como si una nube hubiera cubierto la alegría que había estado brillando sobre nosotros. Seguimos adelante.

Me impresionó la perfección con la que esto capturaba el yin y el yang de la vida. La fealdad y la belleza son vecinas. La alegría y la tristeza fluyen, convirtiéndose la una en la otra. La Aceptación en esta enseñanza apunta a que ambas son aspectos esenciales de la vida. Una única energía creativa del universo es responsable de ambas. Igual que es la misma energía la que lleva a una persona a actuar con crueldad, a otra a actuar para poner fin a la crueldad y aún a otra a escribir sobre ello. La verdadera humildad consiste en darse cuenta de que cada uno ha sido creado para desempeñar un papel y que a ninguno de nosotros se nos consultó antes sobre cuál sería nuestro papel.

Con mucho amor,

Wayne

P.D. Estoy deseando veros a algunos este fin de semana que viene en Nueva York.

Diciembre 2003

Hola queridos míos:

En los Estados Unidos se acaba de terminar la fiesta de Acción de Gracias. Tal y como su nombre indica, señala un tiempo para la gratitud... una ocasión para que cada cual recuente sus bendiciones.

Entre los humanos se da la característica peculiar y universal a la vez de que el dolor y la dificultad tengan más peso que cantidades equivalentes de placer y buena fortuna. La felicidad parece ser efímera, mientras que el sufrimiento parece ser duradero. Igual que ocurre con muchas otras cosas en la vida, las apariencias pueden ser engañosas.

La esencia de esta enseñanza Advaita consiste en cuestionar... preguntar... buscar la Verdad tras las apariencias. Quizás si miráis de cerca seréis testigos de los milagros que abundan a vuestro alrededor. Y si miráis muy, muy de cerca y sois muy, muy afortunados, puede que vislumbréis el Milagro que de veras SOIS.

Ayer me llegó un regalo de vacaciones adelantado, el nuevo libro sobre mi queridísimo gurú, Ramesh. Es una biografía de su vida titulada *The Happening of a Guru* (El Suceder de un Gurú) y es realmente hermoso. Contiene numerosas fotos de él y de su familia, así como fotos de su gurú, Nisargadatta Maharaj. El texto retrata de manera muy real a Ramesh como hombre y el capítulo ¿Cómo vivo mi vida?, escrito por él mismo, permite al lector comprender la vida diaria de este querido Maestro de una manera increíble.

Felices vacaciones.

Con mucho amor,
Wayne

Enero 2004

Hola queridos míos:

Este Año Nuevo se abre ante mí como un jardín invitándome a echar un vistazo a ver qué hay dentro. El año que comienza lanza su llamada, lleno de planes e imaginaciones. Tantísimas invitaciones de personas maravillosas de todo el mundo para ir a pasar un tiempo con ellas, hablar sobre esta enseñanza Advaita y sentarse tranquilamente en el Silencio de Lo Que Es... Es imposible aceptarlas todas, pero es increíble ser el receptor de toda esta emanación de Amor y generosidad.

Permanecer arraigado en el momento a veces se malinterpreta como si significara no pensar nunca en el futuro... pero esto, por supuesto, es ridículo. La capacidad de planificar y de considerar los posibles resultados futuros es esencial para una vida humana rica. El sabio es capaz de planificar, pero no VIVE en los resultados proyectados por sus planes. Por eso, no existe miedo proyectado sobre qué ME pasará si se da un determinado resultado, y sin ese miedo proyectado, la planificación es rápida e inmediata. Así, el sabio es capaz de vivir en el momento y también de planificar el futuro.

En este momento estoy ocupado trabajando en un nuevo libro y preparando una visita a Ramesh para dentro de unas semanas. Me siento tan bendecido por poder pasar tiempo con él. Visitar al gurú es prácticamente la única cosa que creo que supera al sexo y al chocolate.

A aquellos de vosotros que vea en las siguientes semanas, bien aquí, en Hermosa Beach o en Amsterdam, Bombay o Londres, podré desearos en persona un feliz Año Nuevo lleno de satisfacción. En cuanto al resto de los que estáis leyendo esto, por favor, sabed que estoy encantado de estar conectado con vosotros de una manera u otra y que espero que el año 2004 os traiga la Paz que supera toda comprensión.

Con mucho amor,

Wayne

Febrero 2004

Hola queridos míos:

Acabo de regresar recientemente de la India, donde he tenido la gran dicha de pasar 10 días con mi querido Ramesh. Me alegra mucho decir que esta maravillosamente bien, tanto de salud como de ánimo y que su Enseñanza es tan potente como siempre. Sentarse en aquella pequeña sala de Bombay y ver a Ramesh poner en funcionamiento su magia es uno de los mayores placeres de la vida. A menudo me asombra como se encuentra con cada persona en el punto de comprensión en el que se encuentran en ese momento, guiándola a partir de ahí y adentrándose cada vez más en las profundidades. Es un auténtico Maestro y su enseñanza se mueve con la misma gracia y la precisión de los grandes bailarines o atletas. El énfasis que da a la paz y la armonía en la vida diaria es cada vez mayor. Es como si estuviera construyendo su legado al mundo. Aquellos que tenemos la fortuna de haber pasado tiempo con este hombre extraordinario somos realmente agraciados.

Me siento muy contento de que hubiera suficiente interés como para organizar otra semana de retiro en Maui a finales del mes que viene. Maui sigue siendo uno de mis sitios favoritos del planeta, y el grupo que se junta en estos retiros es siempre increíblemente especial. Siempre me sobrecoge la calidad del Silencio que emerge después de tan solo unos pocos días juntos en ese lugar tan especial.

También es maravilloso estar en casa. Volver a sumergirme en la rutina del hogar. Encontrarme con las personas queridas que vienen a las Charlas. Mirar como el koi nada en el estanque y como sus escamas brillan bajo la luz del sol. Escuchar el susurro del viento en los bambúes. Saludar a los colibríes que vienen al comedero que cuelga junto a la ventana. Me encantan los ritmos de esta vida. Está muy bien estar vivo.

Con mucho amor,

Wayne

MARZO 2004

Hola queridos míos:

Lo que más me interesa es lo que a menudo se denominan Los Placeres Sencillos de la Vida. Es gracioso que el adjetivo "mundano", que significa "de este mundo", haya venido a sugerir que algo es aburrido o trivial, cuando para mí la cotidianeidad es algo verdaderamente milagroso.

En nuestra cultura acelerada prácticamente todo conlleva una cierta urgencia. Hay tanto que ver y que hacer... los aviones, los teléfonos móviles, los ordenadores, las televisiones – todo es cada vez más pequeño y más rápido. Pero cuanto más sabemos, más queda por saber. Cuanto más hacemos, más queda por hacer. Las imágenes pasan a tal velocidad que tienen que ser agresivas para no pasar desapercibidas. Los sentidos se sobrecargan y se adormecen.

Por favor, no penséis que estoy condenando la era actual o haciendo un llamamiento para volver a la vida pastoral... solo señalo lo que sucede. A veces, la gracia permite ver lo que sucede, y esto conduce al cambio.

Parad un momento. Mirad a vuestro alrededor. Respirad profundamente. Es ESTO. Dios en movimiento, ante vuestros propios ojos. Vaya chiste. LO milagroso ahí mismo, esperando a ser conocido.

Con mucho amor,

Wayne

ABRIL 2004

Hola queridos míos:

La compasión es una cualidad que se valora mucho y de la que se habla mucho en los círculos espirituales. Es necesario distinguir qué se quiere decir al utilizar este término – compasión. El significado superficial es amabilidad, una interacción bondadosa, que nace del corazón, en la que el receptor acaba sintiéndose bien.

En realidad la compasión es algo más profundo. He visto lo que yo llamaría compasión de parte de un sabio, concretamente Ramesh, ser percibida como algo áspero por el receptor. Ramesh no tiene un carácter áspero, pero a veces eliminar una falsa creencia, por compasivo que sea, no resulta ser una acción ni suave ni dulce.

Según nos hacemos mayores, a menudo nos quedamos atascados en creencias que en un momento dado utilizamos para obtener una sensación de seguridad personal. Por supuesto, estas cosas nunca funcionan mucho tiempo. La seguridad no existe en la vida. La esencia de la vida es el cambio y por lo tanto por debajo siempre está el cosquilleo de la incertidumbre, de no estar en una situación segura.

La solución habitual consiste en intentar poner parches a la estructura, utilizando creencias nuevas cada vez más fuertes.

A veces el sabio arrasa con toda la estructura. A menudo la demolición de estas falsas creencias cristalizadas es un proceso doloroso; la persona se siente incómoda, descontenta e insegura. Citando a Hafiz, consiste en "eliminar aquellos juguetes que no aportan alegría".

Funciona así – si ves a una criatura de dos años con un cuchillo afilado, y se lo quitas, se pondrá a gritar. Desde su punto de vista, le has hecho daño. "Ese era MI juguete. Me estaba divirtiendo con eso." Dado que estaba a punto de cortarse una pierna y que tú has impedido que esto sucediera, yo diría que lo que hiciste fue un acto compasivo. Pero esta criatura no lo ve de esta manera. Del mismo modo, la acción del sabio a menudo no se ve como un acto compasivo.

Si tuviera que definir la compasión, diría que la compasión del sabio nace de la aceptación total. Esto significa que lo acepta a uno completamente tal y como es en ese momento, sin reservas.

De hecho, esta aceptación es la cualidad que subyace todas las acciones del sabio. La acción puede consistir en arrebatar los juguetes, empujar al discípulo a zonas en las que no se sienta cómodo o hacer preguntas difíciles e insistir en ellas, de manera que el discípulo se marcha descontento. "¿Cómo puede ser esto compasión? Estoy descontento. No se ha portado de manera amable y bondadosa conmigo. Me siento peor que antes de llegar y verle."

Es compasión por un motivo: al sabio no le mueve una motivación personal. Todos y cada uno de sus actos son compasivos porque en ellos no hay un "yo" que desee algo para sí. Esta es la verdadera bendición del sabio.

Con mucho amor,

Wayne

Mayo 2004

Hola queridos míos:

Como a menudo empiezo mis Charlas advirtiendo que lo que voy a decir no es la Verdad, a menudo la gente me pregunta a continuación: ¿Entonces por qué enseñas? Para resumir, yo no enseño. La enseñanza se expresa sin motivaciones personales. La expresión puede presentarse como resultado de la pregunta que alguien haya hecho, o como una explosión de energía creativa, como es el caso de la poesía o de estas líneas que estáis leyendo. Lo que no hay es la más mínima creencia de que lo que se está diciendo o escribiendo o pensando sea la Verdad. Cualquier expresión se entiende en su nivel más fundamental como un indicador, una herramienta relativa para la enseñanza. Es por este motivo por lo que se dice que el sabio tiene una humildad natural, porque no existe la más mínima convicción de que lo que está expresando sea la Verdad. La humildad surge de la convicción más profunda posible de que lo que se está expresando es relativo.

Así que, personalmente, no tengo ningún problema con la enseñanza de cualquier otra persona. Si un maestro dice que existes y el otro que no existes, si este dice que eres Dios encarnado y este otro que no eres nada, a mí no me importa. Lo entiendo todo como herramientas relativas para la enseñanza. Nunca se plantea que el martillo sea más Verdadero que el Destornillador. Lo que sí me parece inaceptable (desde un punto de vista estético) es que alguien diga: "Lo que estoy diciendo es la verdad y lo que dice la otra enseñanza es una estupidez." Una afirmación de este tipo demuestra que falta la comprensión más esencial: que TODO es una estupidez, y que la enseñanza de un determinado maestro depende simplemente de su pertenencia cultural y programación personal, que determinan como se expresa la enseñanza.

Según navegues por los cambiantes arrecifes y bancos de arena del mar espiritual, puede ser útil recordar que aquello que parece más sólido también es lo que tiene más probabilidades de hundirte.

Con amor,

Wayne

JUNIO 2004

Hola queridos míos:

Existe la idea generalizada de que el Despertar o la Realización puede llegar, irse y finalmente estabilizarse después de un tiempo. Yo no creo que exista la realización parcial. Reconozco que existe el buscar. Reconozco que existe la comprensión intelectual y la experiencia espiritual, y que ambas son progresivas y acumulativas. Y reconozco que existe una comprensión final, que es repentina, irrevocable, y después de la cual ya no puede haber más proceso, igual que cuando uno se muere, no puede estar más muerto. Solo se puede estar muerto; no se puede estar extramuerto. Una vez muerto, no existe la cuestión de estabilizar la muerte. Y la realización, o la comprensión final, es exactamente así.

En mi definición de esta comprensión final, la iluminación gradual o evolutiva no es posible. A lo que esto se refiere es a un proceso revelador de búsqueda en el que se dan momentos de comprensión espiritual. En esta fase, a menudo se dan experiencias espirituales muy reales en las que se conoce la unidad de las cosas. Estas experiencias menguan, y a menudo vuelven. Eso es lo que llamo el proceso de búsqueda espiritual. Este proceso es redefinido cada vez más a menudo como iluminación o despertar. De hecho, gran parte del movimiento Satsang se basa en que este modelo de experiencia espiritual se denomine iluminación. Entonces, una vez que tu experiencia espiritual ha sido declarada oficialmente iluminación por alguien cuya experiencia espiritual fue declarada iluminación por otra persona que una vez sobrevoló Lucknow, se te insta a que enseñes esto a otras personas como despertar o iluminación.

Parte de la atracción de este modelo es que la meta de prácticamente todos los buscadores consiste en obtener esta iluminación. Por lo tanto, si les dices que la han conseguido, como han conseguido lo que querían, se sienten satisfechos con su maestro porque se la dio. Si son honestos y dicen: "Bueno, esta iluminación, esta experiencia que fue tan profunda y tan importante parece haber desaparecido o haber disminuido", el maestro contesta: "Bueno, no es que se haya ido, es que estás acostumbrándote a ella. Simplemente estás conociendo tu nuevo cuerpo espiritual. Tu ser físico está aprendiendo a aceptarlo" o alguna explicación similar, a menudo acompañada de una cita de apoyo de algún sabio que lleve muerto el tiempo suficiente como para no resultar polémico. La idea de que la iluminación es progresiva implica que la iluminación es un estado – un estado de experiencia. En esta enseñanza el indicador dice que no es un estado de experiencia; un estado de experiencia es por naturaleza transitorio. Si estás experimentando algo, cambiará. La base misma de la dualidad es el cambio. El cambio es parte integral de la experiencia. De hecho, lo que llamamos vida es movimiento y cambio. La ausencia de este movimiento, cuando se localiza en un organismo, es el estado que llamamos muerte.

En lo que se refiere a la experiencia de la vida, sus estados siempre están cambiando, pero no es esto lo que esta enseñanza señala como iluminación. Es por este motivo por el que sabios como Nisargadatta Maharaj hablaban desde la Totalidad y hacían afirmaciones como: "Estoy despierto incluso cuando estoy dormido. Viviré incluso después de muerto." Lingüísticamente apuntan a aquello que no está condicionado. Aquello que es el origen y la sustancia de todo – lo que "realmente somos" – no es experiencial, excepto en su aspecto. Es experiencia solo en lo que somos capaces de conocer y tocar y saborear y vivir. Pero la iluminación está más allá de ese tipo de conocimiento, porque está más allá del límite del conocimiento experiencial.

Con amor,

Wayne

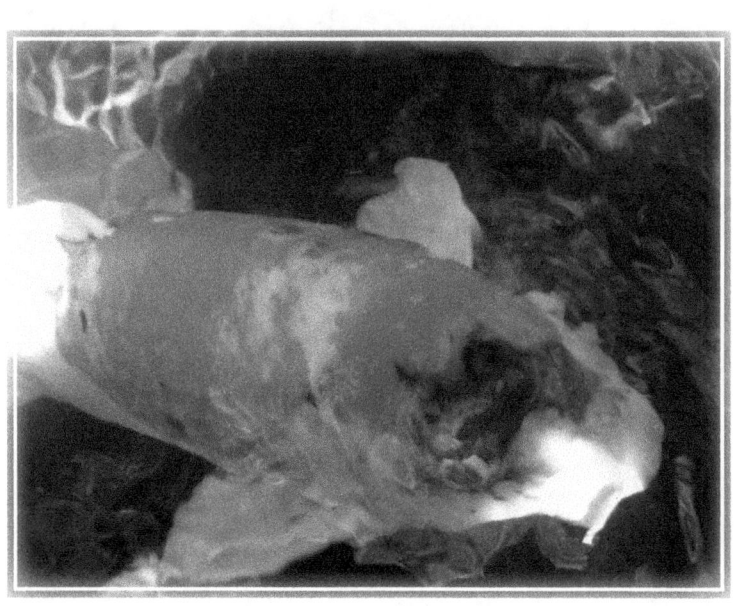

Agosto 2004

Hola queridos míos:

En mis últimos viajes me he encontrado con mucho interés por el concepto que tiene Ramesh de la mente operante y la mente pensante. La mente operante es, tal y como su nombre indica, la parte del organismo que opera para mantener el organismo en funcionamiento. Es el almacén de la herencia genética, la memoria, el conocimiento, la cultura, la identidad, todas esas cualidades que son esenciales para la vida diaria. La mente operante funciona de acuerdo con su programación. Esta programación es dinámica; es un proceso continuo en el que nueva información se añade continuamente al combinado.

Lo que Ramesh llama la mente pensante es lo que a menudo se suele denominar ego. La única función de la mente pensante – lo ÚNICO que hace – es adjudicarse el funcionamiento de la mente operante como si fuera obra suya e involucrarse en sus operaciones con el único objetivo de preservarse a sí misma. Es una falsa pretensión de primacía o autoría que surge en prácticamente todos los seres humanos más o menos a los dos años y medio. El ego/ la mente pensante no tiene la autoría de nada. La acción creada por el ego no existe.

El organismo cuerpo-mente que se llama popularmente sabio es uno en el que la mente pensante ha muerto. A pesar de famosas resurrecciones históricas, muerto quiere decir muerto, y de ahí no es posible regresar. Esa es mi definición funcional de lo que es un organismo llamado sabio y de lo que significa el suceso de la iluminación. Es precisamente ese acontecimiento. Por lo tanto, lejos de ser un superhombre, el sabio es completamente normal. En este modelo, el sabio no ha obtenido nada, sino que es simplemente un organismo humano con una cosa MENOS... no tiene el falso sentido de autoría personal.

Con amor,

Wayne

SEPTIEMBRE 2004

Hola queridos míos:

El nuevo libro en el que Christa y yo hemos estado trabajando durante el último año llegó hoy de imprenta. Siempre me resulta asombroso tener un nuevo libro en las manos... no se diferencia tanto del nacimiento de un niño. Entre mi primer y mi segundo libro pasaron diez años, y entre mi segundo y tercer libro pasaron cinco. Supongo que todo lo que eso significa es que cada vez me lleva menos tiempo decir Nada.

En reconocimiento a esto, a continuación copio un pasaje del libro, titulado:

REGALOS

Si echas la vista atrás y contemplas tu vida, verás que los sucesos que trajeron los cambios más positivos sucedieron de forma inesperada. Fueron como regalos. Estos hitos en tu vida no fueron cosas que te propusiste hacer o conseguir. Llegaron sin que tú planificaras nada, sin que trabajaras para obtenerlos. De hecho, si miras muy de cerca, puede que te des cuenta de que si realmente hubieras tenido control de tu vida, habrías salido perdiendo. Nunca podrías haber construido esas bendiciones; no tenías la más mínima idea de que existieran.

Sin embargo, esforzarte para conseguir lo que crees que es mejor es parte de lo que sucede. A veces consigues aquello por lo que te esfuerzas, y a veces no. Eso también es parte del proceso. Esta enseñanza no sugiere ningún tipo de conducta, ni quedarse sentado sin hacer nada, ni perseguir de manera activa aquello que quieres.

Como Ramesh está siempre presto a señalar – "La vida es algo que sucede."

Con amor,
Wayne

OCTUBRE 2004

Hola queridos míos:

Muchas de las personas que vienen a mis Charlas dicen que lo hacen porque están interesados en la iluminación. Pero cuando empezamos a hablar de qué ES exactamente esto que llamamos iluminación, la confusión es enorme. Cuando hablo de iluminación, hablo de algo muy, muy concreto, y muy simple. En los humanos, a la edad aproximada de dos años y medio, se da un cambio en el que pasan de ser criaturas que simplemente fluyen a experimentarlo todo en términos de ¡Yo! y ¡Mío! Es entonces cuando hace su aparición lo que yo llamo el falso sentido de autoría. Le sucede a prácticamente todos los seres humanos. Es la falsa sensación de que yo, en forma de esta unidad cuerpo-mente, soy el origen; de que yo, en forma de esta unidad cuerpo-mente soy responsable de hacer que todo ocurra.

Es este falso sentido de autoría personal lo que crea el sufrimiento, porque me dice que tengo control sobre las cosas, cuando, en cambio, la realidad me demuestra continuamente lo contrario – que no tengo ningún control. Así que se establece una fuerte tensión. En algunas unidades cuerpo-mente, por el motivo que sea, este sentido de autoría personal se disuelve permanentemente – se muere. Ese evento, por falta de una palabra mejor, se llama iluminación. A través de milenios, generaciones de buscadores han confundido y complicado esto hasta la saciedad. Básicamente es un evento que sucede en la historia de algunos organismos humanos.

El motivo por el que este evento resulta tan interesante a la gente, es que el organismo en el que sucede ya no sufre más. Hay una total aceptación dentro del organismo. La aceptación es total porque se entiende que lo que es, es. Ya no existe una sensación de un yo separado que pueda involucrarse con lo que es y adjudicárselo como propio – egoicamente propio. Cuando este proceso deja de suceder, esa ausencia permanente puede denominarse paz o dicha o iluminación. Lo que resulta crucial es comprender que esto es algo que sucede. Sucede como parte del funcionamiento del universo. El indicador de esta enseñanza es que todo sucede de esta manera; todo sucede como parte del funcionamiento de la Totalidad.

Con amor,

Wayne

Noviembre 2004

Hola queridos míos:

Según emprendía mi búsqueda espiritual – hace unos diecinueve años aproximadamente – me compré varios libros sobre meditación y comencé a practicar Tai Chi y cosas por el estilo. Incluso me apañé mi propia meditación. Me levantaba a eso de las 6:30 de la mañana y me sentaba en silencio en el suelo, con las piernas cruzadas y la espalda apoyada sobre algo vertical y observaba como el aire salía de mi nariz al espirar. También repetía un mantra que tenía 10 o 12 palabras. Cada vez que lo repetía decía una palabra menos, y cuando llegaba a una sola palabra, volvía a añadir una palabra en cada repetición. Hacía esto casi cada mañana.

Una mañana estaba sentado meditando cuando de repente sentí una descarga de energía que me subió por la columna vertebral hasta la coronilla. Todo mi ser se desbordó por la parte alta de mi cabeza y salió disparado hacia el universo. Me quedé sentado, pensando: "¡Qué bueno! ¡Esto es fantástico!" (Había consumido suficientes drogas en mi vida como para saber qué hacer con una experiencia de este tipo, así que me dejé llevar). Todo mi ser se expandía saliendo de mi cuerpo por la cabeza y fusionándose con el universo. La descarga era continua. Era extraordinario. ¡Absolutamente alucinante! Nunca había tenido una experiencia tan tremenda como esta con drogas. ¡En comparación con los psicotrópicos que había tomado, esto era lo mejor de lo mejor! ¡Uau!

Después de unos quince o veinte minutos, todo volvió a tranquilizarse. Yo seguía allí sentado pensando: "¡Esto de la meditación es estupendo!" Así que a la mañana siguiente me levanté a eso de las 6:10 (pensé que no iría mal empezar veinte minutos antes). Así que me siento en la misma posición de siempre y empiezo con el mantra.

"Muy bien, ¡vamos allá!" me dije, animando a la energía a que comenzara a subir por mi columna vertebral. Pero no hubo suerte. Y así cada día durante semanas; volví a la misma posición exactamente, pero aquella experiencia de la energía subiéndome por la espalda nunca se dio otra vez.

Me pasó lo mismo jugando al golf. Jugué 120 vueltas que fueron una porquería. De repente un día hice seis hoyos en los que la pelota fue exactamente a dónde estaba apuntando; todo era perfecto. Por supuesto, entonces empecé a pensar "¿Cómo he conseguido que sucediera eso?" y mi juego volvió a ser una porquería otra vez.

Ya no siento la necesidad de sentarme a meditar formalmente o de dar golpes a una pelota con un palo de golf. Y eso sí que es una bendición.

Con amor,

Wayne

ENERO 2005

Hola queridos míos:

Todo lo que digo es un indicador, un indicador que señala a lo que es, aquí y ahora, en este momento. Es El Gran Misterio. Es un gran y perpetuo misterio, porque nunca será resuelto. Es el misterio de la vida y de vivir, el misterio de este universo manifiesto. No importa lo complejas que sean nuestras explicaciones, no importa lo elegantes que sean nuestras descripciones de "lo que es", siguen siendo indicadores penosamente limitados. El misterio continua. Habéis sido tocados por el misterio. El misterio os tiene enganchados. El que esto le haga a uno sentirse bien o no, depende del día. Pero tiene algo glorioso, hay algo maravilloso en conectarse con el misterio. Una vez que lo pruebas, nunca puedes olvidar el sabor. Así que nos reunimos alrededor de esta Enseñanza, no porque la verdad se pueda conocer, sino porque la verdad es inevitable.

Lo bonito de un misterio es que capta nuestra atención. A los humanos nos interesan las cosas que no podemos explicar. Somos seres curiosos; queremos saber, comprender. Lo que no tiene explicación nos atrae. Lo que hace la enseñanza es señalar aquello que está más allá del misterio aparente, aquello que es el origen y la substancia de todo. Algunas veces, en un momento de gracia, se da lo que el maestro Wei Wu Wei llamaba apercepción. La apercepción es el conocer en ausencia del que conoce, experimentar en ausencia del que experimenta, comprender en ausencia del que comprende. El camino hacia ese momento de gracia es a menudo tortuoso, y puede atravesar lugares dolorosos o extraños. Al final se entiende que todo es parte de un tapiz de existencia, parte de la Totalidad que se expresa a sí misma en forma de este gran misterio.

¡Ojalá vuestro nuevo año esté lleno de paz y felicidad y amor!

Con amor,

Wayne

Hola queridos míos:

Queréis que los proveedores de Verdad
sean especiales en sus acciones y apariencia.
Queréis que sean diferentes
que se distancien
y sean poderosos.
Os gusta más imaginarlos
envueltos en luz
que en el retrete, sentados.
Os gustan carentes de pasiones y de sexo,
apacibles, dulces y amables.
Os gusta la idea de los milagros
y los inventáis cuando haga falta.
Vuestra estrategia es dejarlos
ahí fuera,
lejos de vosotros:
Exóticos y misteriosos.
Os deleitáis con el mito
del individuo iluminado
esperando algún día recibir ese poder.
Lo que no podéis tolerar
es que parezcan
normales como vosotros.
Ram Tzu lo sabe...
Siempre os perdéis la Verdad
porque es demasiado sencilla de ver.

Con amor,
Wayne

MARZO 2005

Hola queridos míos:

Mi padre murió la semana pasada. Fue una experiencia extraordinaria. El miércoles 9 de marzo fue diagnosticado con un cáncer incurable, así que decidió terminar con su tratamiento de diálisis para evitar tanto a su familia como a sí mismo la agonía de una muerte dolorosa y prolongada. Le visité en su casa varias horas después de que hubiera tomado esta decisión y lo que vi en él fue la bendición de la aceptación total. Estaba en paz, sin miedo ni arrepentimiento. En todos los años que he compartido con él jamás le había visto así. Siempre había estado compitiendo con la vida, intentando dominarla y mantenerla bien organizada. Igual que nos pasa a todos, a veces las cosas salían como él quería y a veces no.

La gente de la residencia vino y se ocupó de las cuestiones prácticas, como los medicamentos y la cama del hospital. Los amigos y familiares vinieron a despedirse. Muchos le felicitaron por su valor y fortaleza. Él les sonreía con benevolencia, diciendo suavemente que no era más que una bendición. No pocos le dijeron que estaba siendo demasiado modesto, que se había ganado esta recompensa, igual que se había ganado, y por lo tanto merecía, el amor de su familia. Él no discutió ni una sola vez (¡algo completamente inusitado en él!) pero tampoco dudó. Sabía en el fondo de su ser que aquello era Gracia... sola y exclusivamente.

Vivió cuatro días más y en esos cuatro días compartimos la más maravillosa comprensión carente de palabras.

Sin palabras, porque no había necesidad de hablar, igual que no había palabras adecuadas para comunicar aquello. Miraba a los ojos de mi Padre y me llenaba de alegría la profunda Ausencia que encontraba en ellos. No podría haber deseado un mejor fin para la vida de este hombre al que he querido. Me alegré por él y me alegré por mí.

La vida puede ser tan increíblemente dulce… y la muerte también.

Con mucho amor,
Wayne

MAYO 2005

Hola queridos míos:

En nuestra enseñanza Advaita, uno de los accesos a la Comprensión consiste en reconocer la naturaleza mecanicista del organismo cuerpo-mente con el que a menudo nos identificamos como autores.
La semana pasada aparecieron tres artículos en el L.A. Times que se referían a descubrimientos científicos que apoyan este enfoque mecanicista. El primero describía como investigadores en Viena han identificado la hormona responsable de nuestras decisiones de confiar o no en alguien. La probabilidad de que los sujetos decidieran confiar en extraños era significativamente más elevada después de inhalar esta hormona con un atomizador.
El segundo artículo contaba como unos genetistas que trabajaban con moscas de la fruta habían conseguido identificar y manipular el gene que rige la orientación sexual. Tras manipular el gene, los ejemplares macho de mosca de la fruta comenzaron a mostrar los patrones sexuales característicos de las hembras.
En un tercer estudio sobre un tema que a muchos nos toca el corazón, los científicos del hospital St. Thomas de Londres habían descubierto que la capacidad de una mujer para tener un orgasmo estaba directamente relacionada con su código genético.
Al cuestionar los supuestos básicos de la experiencia humana, podemos llegar a comprender nuestra verdadera naturaleza. Uno de los supuestos básicos más insidiosos es que yo (en forma de esta unidad cuerpo-mente) soy el autor de mis pensamientos, sentimientos y acciones. Esta

Enseñanza no tiene dogma ni doctrina, su única función consiste en preguntar una y otra vez – ¿ES VERDAD?

Las enseñanzas espirituales y la investigación científica moderna pueden brindar apoyo moral a vuestras conclusiones, pero el beneficio real está en la investigación misma.

¿ES VERDAD?

Al examinar profundamente esta cuestión de lo más fundamental a veces aparece una profunda Comprensión.

Con mucho amor,

Wayne

Agosto 2005

Hola queridos míos:

A menudo me hacen la siguiente pregunta: "¿Sucede todo como parte del funcionamiento de la Totalidad, o necesita el aspirante espiritual realizar algún esfuerzo?"

¡El esfuerzo del aspirante espiritual puede desde luego ser necesario como parte del funcionamiento de la Totalidad! Como siempre, debemos examinar en detalle el origen del esfuerzo. ¿Tiene el aspirante la capacidad de ser el autor de ese esfuerzo? ¿O son las acciones del aspirante espiritual, e incluso el aspirante espiritual mismo parte de un funcionamiento mayor?

Estas son las preguntas esenciales que plantea esta Enseñanza Advaita. Pero la Enseñanza no valora las respuestas realmente. Es la propia investigación lo que constituye el núcleo de la Enseñanza.

Es por este motivo por lo que la enseñanza Advaita en su forma más pura carece de doctrina y de preceptos. La enseñanza es humilde. No se adjudica la Verdad. Es simplemente un conjunto de indicadores que estimulan una investigación que finalmente llega a Nada... la Nada que realmente SOMOS.

Con mucho amor,

Wayne

Septiembre 2005

Hola queridos míos:

El último libro de Ramesh aterrizó en mi escritorio hace unos días, y me encantó ver que sigue en plena forma. La Enseñanza de Ramesh es una Enseñanza viva, y por lo tanto, en constante transformación. Después de muchos años de subrayar esotéricamente la naturaleza ilusoria del individuo, su enfoque se ha ido haciendo cada vez más realista y práctico. Se encuentra con los buscadores espirituales en el punto de identificación en el que estén y los conduce con destreza hacia una comprensión más profunda. Una de las herramientas que Ramesh utiliza consiste en desafiar al buscador a que examine cómo cree que es la Iluminación... ¿Qué beneficios se imagina? Esta pregunta es la que da título a su nuevo libro: *Seeking Enlightenment – Why?* (En Busca de la Iluminación – ¿Por Qué?) Espero que este boletín os encuentre bien y en paz, establecidos en la convicción más profunda posible de que, incluyendo todas las alegrías y las agonías del día, el Universo está en perfecto orden.

Con mucho amor,

Wayne

OCTUBRE 2005

Hola queridos míos:

Gary Starbuck murió hace aproximadamente una semana. Fue un buen amigo mío, alguien con quien podía estar sentado durante largo tiempo sin necesidad de hablar. Conocí a Starbuck hace casi veinte años en una de las primeras Charlas que Ramesh dio en Hollywood, California. Acababa de llegar de las montañas de México, donde había estado buscando oro. No estoy seguro de cómo nos hicimos amigos, pero estoy bastante seguro de porqué – compartíamos amor y profundo respeto por Ramesh y su Enseñanza.

Más adelante Starbuck se fue a Bombay y de hecho se instaló en el tejado del piso de Ramesh. Se quedó varios meses y durante ese tiempo extrajo de los escritos de Ramesh cientos de pasajes particularmente bellos. Estos extractos fueron después editados y recopilados en uno de los libros de Ramesh que más me gustan – *A Net of Jewels* (Una red de joyas).

Os ahorraré un largo discurso sobre como nadie nace ni muere nunca y sobre como todo es simplemente un juego de la Consciencia o una oportunidad para conocer vuestra verdadera Naturaleza y decir: Fue un hombre magnífico y se le echa de menos.

Con mucho amor,

Wayne

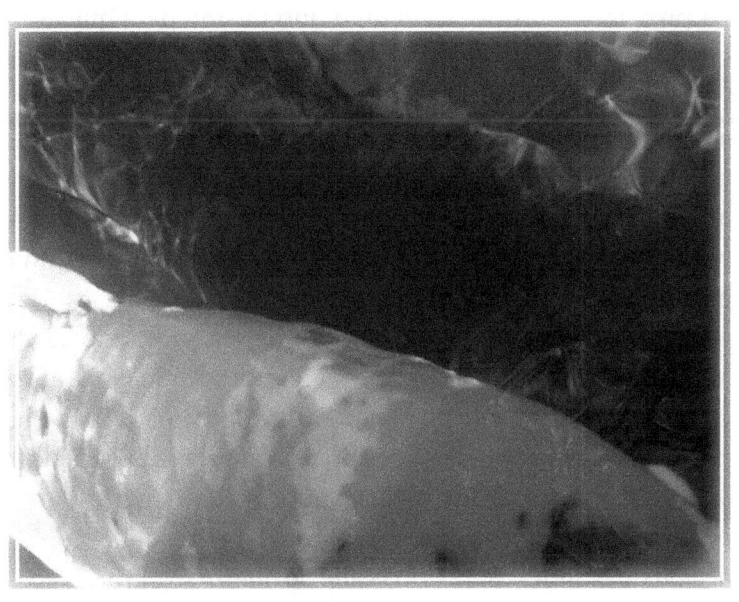

Enero 2006

Hola queridos míos:

El proceso que está en marcha en esta enseñanza Advaita es uno de investigación y examen, y, al contemplar las propias experiencias a través de él, uno adquiere comprensión. Durante la vida, las experiencias suceden. La pregunta es, ¿qué papel jugó uno mismo para que esas experiencias se dieran?

Si uno echa la vista atrás, verá como, de repente, llegaron a su vida personas que uno ni sabía que existieran, que trajeron consigo enormes cambios vitales. Puede que fueran amantes, profesores, enemigos o gurús. ¿Cómo pudo uno haberlos traído a su propia vida, si ni siquiera sabía que estaban vivos?

Quizás echando un vistazo a vuestra propia historia veréis como en vuestra vida sucedieron eventos que eran parte de un suceso mucho mayor de lo que uno jamás podría crear con su propio ser físico. Mirando la propia experiencia y el propio entorno de origen, uno puede llegar a darse cuenta de que nuestro estado actual es el resultado de la acción de grandes fuerzas más allá de nuestro control egóico. Esta enseñanza simplemente lleva la atención a mirar. A continuación puede darse la comprensión, o no.

Claramente, si uno tuviera el control, si cualquiera de nosotros tuviera el control y fuera capaz de crear su propia realidad – ¡seríamos todos santos! Seríamos siempre amorosos y amables y generosos, porque cuando somos amorosos, amables y generosos, nos sentimos mejor, todos a nuestro alrededor se sienten mejor y esto se traduce en una vida mejor. El hecho de que a pesar de nuestras mejores intenciones y observaciones y nuestros más fervientes esfuerzos, sigamos llenos de cualidades positivas y negativas, parece sugerir una determinada falta de control por parte del organismo.

Si miráis y tenéis la bendición de poder ver las enormes fuerzas universales que interactuaron para crear las personas que sois hoy, la culpa se disuelve naturalmente, por si sola. No hay que esforzarse por reducirla, simplemente se disipa al ver, al comprender, que quienes somos y lo que somos es una función del Universo. Tanto nuestras cualidades más positivas como aquellas que pueden no gustar ni a otros ni a nosotros mismos son parte de esta mezcolanza que es cada ser humano.

Que esta visión pueda crecer dentro de vosotros en el año que comienza.

Con amor,

Wayne

Febrero 2006

Hola queridos míos:

Hace poco que he regresado de Mumbai tras la visita que hago a Ramesh cada año en invierno. Como siempre, fue una verdadera alegría y bendición. Pasar tiempo en presencia del gurú es el mayor placer de la vida. A menudo me preguntan por qué sigo visitando a Ramesh, a pesar de no tener ya la "necesidad de buscar". Para mí, hace mucho tiempo que la búsqueda pasó de ser un proceso de adquisición en el que esperaba CONSEGUIR algo a convertirse en un estado de Aceptación en el que no solo no quedaba nada que CONSEGUIR, sino que, aún más importante, ya no había un "yo" egóico que necesitaba conseguir ESO. Lo que quedaba era un hombre que se llamaba Wayne que amaba a un pequeño banquero indio retirado llamado Ramesh. Durante casi veinte años, ese amor ha seguido fluyendo incólume. No importa si estamos juntos en la sala de Satsang o comiendo juntos o viendo juntos un partido de cricket por la televisión o simplemente sentados juntos en un cómodo silencio, el amor que es la esencia misma de la relación gurú/discípulo está presente. Cada año cuando visito a Ramesh me divierte, me asombra y me deleita poder ver como su Enseñanza va evolucionando y cambiando de énfasis. Sin salirse nunca de la Comprensión fundamental, su enfoque sigue moviéndose y danzando, igual que un boxeador. Este movimiento continuo mantiene a los discípulos más "avanzados" y entendidos alertas y despiertos.

Uno de los mayores obstáculos que dificultan una Comprensión más profunda es la complacencia que acompaña a saber algo. Una vez que uno tiene una respuesta, deja de haber movimiento. La investigación muere. Lo que queda es solo una opaca y anodina repetición de un concepto que puede que en un momento abriera la comprensión y que ahora se equipara equivocadamente con la comprensión misma. Los constantes cambios de Ramesh mantienen a sus discípulos interesados y activos. Su énfasis actual sobre el valor de la Enseñanza en la vida diaria es simplemente otra puerta que da al corredor de la Verdad.

El valor del gurú no está en lo que uno pueda obtener de él... la relación gurú/discípulo propiamente dicha es la recompensa misma.

Con amor,

Wayne

MARZO 2006

Hola queridos míos:

Cada vez que llueve, las hormigas que viven bajo nuestra casa se ven obligadas a subir a través de las paredes hasta llegar al espacio en el que vivimos. Hoy, tal y como hago a menudo, les he lanzado un ataque, y he matado muchísimas. Ha sido una acción brutal y despiadada que no me ha causado ningún remordimiento. Me recordó una afirmación que Ramesh hizo hace muchos años y que me afectó profundamente. Dijo: "El Universo no tiene un corazón humano." Aquel día en particular, esta afirmación fue una revelación... Pude ver la interconexión imparcial de todas las cosas más allá de mi propia visión... el corazón de la paradoja viva.

La noción de Dios (sea en forma de ser humano sabio o de una fuerza impersonal llamada Consciencia) generalmente se asocia con la benevolencia hacia los seres humanos (excepto en el caso de un justo castigo por haber cometido malas acciones, es decir, karma). Este concepto es el que alimenta la mayoría de las religiones y corrientes espirituales. Reverbera en los términos que a menudo se aplican a Dios – "Padre nuestro" o "Salvador". Además, fundamenta la idea de que los seres humanos de hoy en día son la vanguardia de la gran evolución/revolución de la Consciencia, que podemos llamar Era de Acuario o cualquier otra cosa que suene más moderna. ¿Es esto Verdad o no es más que otra presunción humana? ¿De verdad tiene el Universo preferencias? De ser así, ¿qué pruebas hay de que prefiera a los humanos? Puede ser útil examinar estas cuestiones uno mismo.

Podemos decir con cierta seguridad que Wayne no tiene un corazón de hormiga. ¿Tiene el Universo un corazón humano?

Con mucho amor,
Wayne

ABRIL 2006

Hola queridos míos:

Jnana (el camino del conocimiento) y Bhakti (el camino del amor y la gratitud) y Karma (el camino de la acción) no están separados entre sí. Nunca lo estuvieron. Las distinciones son conceptuales, no reales. La mente, el corazón y el cuerpo están unidos formando un todo sin fisuras.

No podría deciros cuántas veces he oído a los del Conocimiento acusar a los del Corazón de ser "devotos esclavos de su gurú", mientras los del Corazón se quejan de que los del Conocimiento "son fríos y están en la cabeza". Por otro lado, los de la Acción (cuando se toman un respiro y por un momento dejan de estar tan ocupados) miran a los otros, sacuden la cabeza y se preguntan "¿por qué no mueve el culo toda esa gente y se pone a HACER algo?"

Es todo tan ridículo y tan humano. Las personas nacen con diferentes naturalezas y una de las características de tener una naturaleza es sentir que es natural, normal y correcta. Desgraciadamente, esto a menudo hace que las personas que tienen naturalezas diferentes parezcan antinaturales, anormales y equivocados.

Para salir de este cenagal de crítica hay que primero comprender la propia naturaleza relativa y después Comprender la propia naturaleza Verdadera. Al empezar a ver como las fuerzas genéticas y medioambientales interactúan continuamente para dar forma a este organismo cuerpo-mente que lleva tu nombre, puede que vislumbres la Esencia que es la fuente y la sustancia de todo.

Esta enseñanza Advaita señala insistentemente a esa Esencia y es válida para todos, independientemente de quién crean que son.

Con mucho amor,

Wayne

Mayo 2006

Hola queridos míos:

Para juzgar algo es necesario tener una escala, y como cada uno tiene la suya, los juicios sobre una misma cosa a menudo varían. Entonces se plantea la pregunta de cuál de las escalas es la CORRECTA. La mente humana siempre tiene hambre de certidumbre. Es como si percibiera sus propias limitaciones inherentes y buscara sobreponerse a ellas con conceptos como Verdad Absoluta, Bondad Absoluta, Amor Absoluto, Belleza Absoluta, etc. El método tradicional de certificar que estos conceptos Absolutos son CORRECTOS es la revelación divina, es decir, que Dios se lo diga a uno, bien de manera directa a través de una "visión" o una "voz" (con o sin drogas y prácticas "espirituales") o de manera indirecta a través de los informes (escrituras) sobre la interacción de otra persona con Dios.

Las variantes modernas hacen uso de metodologías científicas o pseudocientíficas para intentar determinar las propiedades de lo Absoluto pero, igual que sucede con los métodos religiosos, es imposible llegar a un consenso.

Creer que se conoce la Verdad implica una arrogancia inherente. Es el encumbramiento máximo del ego.

Para mí la belleza de esta Enseñanza es que NO proclama ser la Verdad. Es simplemente un conjunto de indicadores. Dirige al estudiante para que explore por sí mismo el Misterio que constituye la esencia de la existencia.

A menudo este viaje es atemorizante sin una escala Absoluta con la que medir el propio progreso. Sin embargo, al final, la Comprensión se revela en forma de una humildad que es a la vez transcendente y sublime.

Con mucho amor,

Wayne

JUNIO 2006

Hola queridos míos:

Acabo de volver de pasar Gurú Purnima en Mumbai con Ramesh y ha sido una maravilla absoluta. A menudo me preguntan: "¿Es necesario un gurú?" De hecho, la pregunta está mal concebida. No es que el gurú sea necesario para que el buscador espiritual pueda conseguir lo que está buscando, sino que el gurú es uno de los mayores regalos del Universo. En el caso de que tengáis la suerte de recibir este increíble regalo, os quedará inmediatamente claro que la relación con el gurú es un fin en sí misma, y no un medio para llegar a otro objetivo.

Con 89 años, Ramesh presenta la Enseñanza con la misma fuerza y claridad de enfoque que siempre le ha caracterizado. Cuando me siento a escucharle es como una sinfonía muy querida en la que todas las notas me resultan familiares, por lo que las espero, y sin embargo cada actuación es única y fresca.

Este año Gurú Purnima tuvo un sentido especial para mí, porque marcaba exactamente diez años desde aquel día extraordinario en el que Ramesh concluyó su charla por Gurú Purnima diciendo: "Volved todos mañana, mañana la Charla la dará Wayne." En ese momento no podía haberme imaginado a dónde me llevaría la Enseñanza... los muchos lugares, ciudades y países... los muchos hombres y mujeres, viejos y jóvenes, algunos llenos de nueva vida, otros preparándose para morir, los muchos corazones listos para reventar y abrirse, las muchas frentes relajadas y los muchos ojos brillantes y llenos de una nueva Comprensión. ¡Qué sorpresa y que delicia es esta vida!

Me considero uno de los hombres más afortunados, por haber encontrado a mi gurú en Ramesh y por ser el insólito recipiente encargado de transportar esta magnífica Enseñanza.

A todos los que habéis enviado donaciones, regalos y mensajes por Gurú Purnima, os doy las gracias por vuestro amor y vuestro apoyo.

Con mucho amor,

Wayne

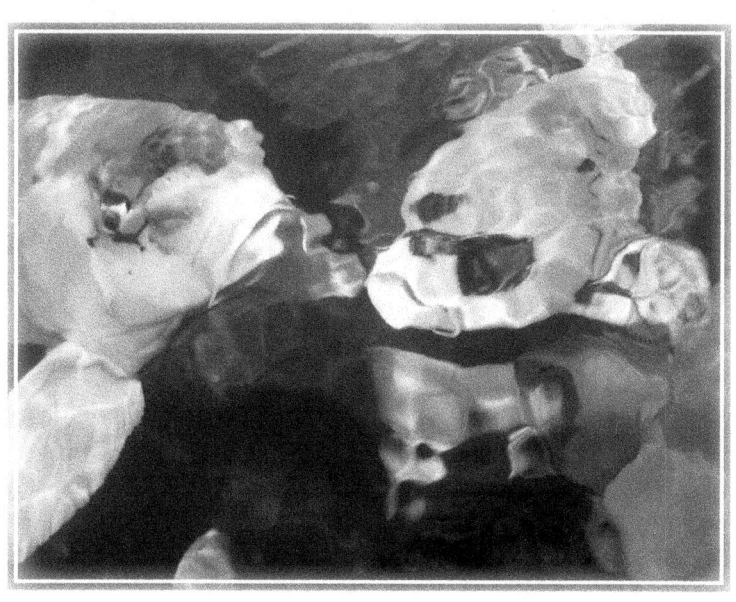

AGOSTO 2006

Hola queridos míos:

Una de las fases más descorazonadoras y desagradables de la evolución de esta Comprensión sucede cuando uno se siente distante y desconectado de todo lo que sucede alrededor. Es como si el mundo se hubiera vuelto gris – nada es importante, nada duele mucho pero nada es tampoco particularmente alegre. No es estar realmente deprimido, pero tampoco realmente contento – todo es un poco igual.

Esta condición a menudo coincide con el primer reconocimiento de que en realidad uno no es el autor de sus pensamientos, sentimientos o acciones. Es como si el ego, al ser descubierto como lo que NO ES cambiara de marcha en su manera de seguir activo. Ya no puede pretender ser el autor, así que ahora hace pucheros diciendo que, en cualquier caso, no merece la pena ser el autor de nada de lo que pasa. Sí, es otra mentira, pero bastante persuasiva.

Igual que con la otra mentira, la mentira de la autoría personal, una táctica posible es someterla a la brillante luz de la investigación ¿Es verdad? ¿Es la apariencia la realidad?

Finalmente las nubes se dispersan y se llevan el tono gris. El paisaje de la vida vuelve a estar iluminado en toda su belleza y toda su fealdad... todas sus alegrías y todas sus tristezas... lo que se hace visible es lo que siempre estuvo ahí... una diversidad infinita y fantástica.

Con mucho amor,

Wayne

Septiembre 2006

Hola queridos míos:

La palabra "Consciencia" se utiliza en esta enseñanza para indicar Eso que es TODO y al mismo tiempo no es nada en absoluto. Otras palabras populares con un sentido equivalente son Origen, Dios, Unidad, Tao y Absoluto (entre muchas más). Como todo lo manifiesto es Consciencia, nada puede ser una Consciencia superior/inferior o más/menos Consciencia. Si decimos que todos los océanos son agua, no tiene sentido decir que el Océano Pacífico es más agua que el Océano Atlántico. Podemos decir que un océano es más grande o más pequeño o más salado que otro, pero su naturaleza esencial, su acuosidad es la misma.

Demasiado a menudo, Dios, lo Absoluto, la Consciencia, son invocados como baremo relativo. Un grupo afirma saber, bien a través de su fe o de la ciencia, qué es lo que está más cerca de Dios, pero SIEMPRE aparece algún otro grupo que disiente.

La mente humana está diseñada para distinguir entre las cosas a través de sus sentidos. Compara y analiza. De hecho, todo el conocimiento recopilado por la humanidad es el producto de comparaciones, en las que lo recientemente "descubierto" se añade como extensión o revisión de lo que se "conocía" antes. De esta manera, el conocimiento humano está completamente basado en diferencias y similitudes. Dado que el ser humano busca conocer a Dios, es del todo natural que utilice las herramientas y los métodos que le resultan familiares. Desgraciadamente, estas herramientas y métodos solo funcionan para conocer los aspectos materiales/relativos de la Consciencia (el mundo manifiesto) y son inservibles para conocer la Consciencia como lo Absoluto.

Llegados a este punto, entramos en el terreno de lo místico. Hay que desechar el conocimiento y la ciencia, e incluso la fe. Este es el mundo de lo transcendente. Aquí es donde la distinción entre el conocedor y lo conocido se desvanece. Aquí es donde todas las palabras resultan inútiles. Aquí es donde todo se para.

Con mucho amor,

Wayne

Octubre 2006

Hola queridos míos:

No soy budista, ni hindú ni judío. Tampoco soy muy humanista. De hecho, más allá de alto, gordo y calvo, me costaría encontrar palabras para describir lo que soy exactamente. Por supuesto, no soy alto en comparación con la mayoría de los jugadores de baloncesto profesional; y en comparación con algunas de las personas que veo en la playa, tampoco estoy tan gordo; y tengo más pelo que la mayoría de los hombres... esto demuestra los problemas que conllevan las etiquetas.

Las etiquetas, como cualquier conocimiento al que el organismo humano puede aspirar, se basan en las comparaciones, y las comparaciones se basan en el contexto, y el contexto cambia constantemente. Nada está fijo. Todo se mueve de acá para allá. Es como para volverse loco. Justo cuando uno cree saber algo, llega alguien que reorganiza las cosas, y la temida incertidumbre vuelve a entrar deslizándose para instalarse en su sitio. Esto es lo bueno y esto es lo malo. Con la incertidumbre llega la inseguridad, y la inseguridad trae agitación, y la agitación mueve las cosas. El movimiento es la base del cambio y cambio quiere decir vida.

Soy un gran defensor de la VIDA. De hecho, soy un defensor tan grande de la VIDA que cuando la gente llega y me pregunta que han de hacer, generalmente les recomiendo que respiren. A menudo asumen que esta respuesta significa que no he entendido su pregunta, así que me explican un poco más: "No, la respiración sucede independientemente de mí, yo lo que quiero saber es qué es lo que debo hacer."

Así que la pregunta de hoy es: ¿Qué NO sucede independientemente de vosotros?

Y mientras consideráis esto, no os olvidéis de respirar.

Con mucho amor,

Wayne

Noviembre 2006

Hola queridos míos:

¡Brindo por la vida vivida por los humanos! Como estudiantes de la no dualidad, sin duda habréis sido seducidos o intimidados hasta reconocer que no existís. Desgraciadamente, sucede lo mismo con los indicadores de muchas enseñanzas (incluida la mía); la esencia de lo que se indica a menudo queda oscurecida por una torpe interpretación literal.

La Verdad SIEMPRE está más allá de aquello que se puede conocer y de lo que se puede hablar. Cuando un profesor dice o escribe algo, está dirigiendo vuestra atención a una distancia intermedia – ese espacio que no está ni aquí ni allí... no referenciado o identificado. El desafío aparece porque todo nuestro ser físico y mental se rebela contra esto. Instintivamente buscamos solidez y referencias – el consuelo de lo conocido.

Sabed que esto es la divinidad, expresándose como humanidad – un juego del escondite cósmico que uno juega y que es jugado a través de uno.

¿Qué podría ser más maravilloso? ¿Qué podría inspirar más sobrecogimiento? La vida y el vivir, según sucede en este momento eterno.

Con mucho amor,

Wayne

ENERO 2007

Hola queridos míos:

El orgullo espiritual toma muchas formas. Algunas son burdas y obvias, otras son más sutiles y están más escondidas. Independientemente de su forma, el orgullo espiritual tiene sus raíces en la creencia de que "yo" conozco la Verdad.

Nuestra Enseñanza no recomienda deshacerse del orgullo espiritual, sino que dirige la atención a la creencia que alimenta el orgullo. ¿Se puede conocer la Verdad (en su sentido absoluto)?

Según la comprensión transcendental se hace más profunda, la creencia de que la verdad puede conocerse disminuye y prevalece la sencilla humildad. Uno se encuentra siendo menos crítico con las convicciones y las prácticas de los demás. Uno se siente satisfecho de conocer lo que conoce y de creer lo que cree sin la aplastante carga que implica que el conocimiento relativo se disfrace de Verdad Absoluta.

Según hace su aparición ante nosotros el nuevo año, ¿quizás os toméis un momento para reflexionar sobre lo que es Verdad?

Puede que la comprensión os esté esperando.

Con mucho amor,
Wayne

FEBRERO 2007

Hola queridos míos:

Tenéis todo el derecho de sospechar de lo que enseño... después de todo, corren muchas sandeces por ahí, la mayor parte de ellas inocuas, pero algunas bastante insidiosas. Sin embargo, no es suficiente con solamente sospechar de mí. Eso es demasiado fácil. Tenéis que tener el valor de sospechar de vosotros mismos... de aquellas cosas que tenéis por Verdaderas. ¿No es acaso posible que estéis equivocados en lo que asumís de manera más fundamental? ¿No es acaso posible que estéis equivocados? Simplemente reconocer esto es la semilla de la genuina humildad.

Espero que seáis concienzudos en vuestra investigación de todo lo que se dice aquí, y que no tengáis miedo de examinar aquello que asumís que es cierto. Dichas consideraciones pueden muy bien mostraros la puerta hacia vuestro Verdadero Yo.

Con mucho amor,

Wayne

Marzo 2007

Hola queridos míos:

Nada me da más placer que ver como esta Enseñanza encuentra su hogar en alguien. Es como ver un capullo florecer en primavera. Ver como se relaja su entrecejo, ver sus hombros caer al desaparecer la tensión, ver una sonrisa aparecer en sus labios y la luz comenzar a brillar a través de sus ojos es para mí algo de una belleza extrema. Me doy cuenta de cómo sucede esto casi en cada reunión y me sobrecoge el increíble poder de la Enseñanza.

Hace varios años, Ramesh comenzó a enfatizar el impacto de la materialización de la Enseñanza en la vida cotidiana en lugar de hablar sobre lo esotérico y lo filosófico. Esto disgustó a muchos de sus devotos, que se sentían cómodos y confiados creyendo que CONOCÍAN la Enseñanza de Ramesh. ¡A mí en cambio me pareció de lo más divertido! Un verdadero Maestro es aquel que sacude las cosas. Mantiene la Enseñanza vibrante y viva cambiando la forma en la que la presenta... porque después de todo, la vida ES cambio. ¡Esta es una Enseñanza Viva! Le conecta a uno con quién es y con lo que es AHORA MISMO... en ESTE momento. Desafía y nutre a la vez. Es al mismo tiempo de una dificultad imposible y de una facilidad suprema. Le obliga a uno a trabajar muy, muy duro, pero hace todo el trabajo sola.

¡Es una verdadera bendición tener una Enseñanza como esta!

Con mucho amor,

Wayne

ABRIL 2007

Hola queridos míos:

Si estáis leyendo esto, formáis parte del mundo de la indagación espiritual. Puede que os consideréis buscadores o puede que creáis que ya habéis encontrado o puede que no os consideréis nadie en absoluto. El hecho es que... ¡estáis leyendo esto! (o si consideráis que sois nadie, entonces podemos decir... que ¡leer está sucediendo!) Lo importante de esto es que señala hacia el hecho de que hay ALGO. Ese ALGO existe independientemente de lo que opinéis sobre ello. Existe independientemente de vuestras creencias o vuestra filosofía. Ese ALGO es la Verdad única e indiscutible. Es el punto de partida y el punto final de todo el conocimiento espiritual.

Esta Enseñanza Viva indica este momento de la vida... aquí... ahora... indica lo esencial e indiscutible. Al reconocer esto totalmente, ya no hay a dónde ir ni nada que conseguir... Si no existe este reconocimiento, la Enseñanza Viva puede resultar de interés.

¿De interés para quién?
¿De interés para qué?
Bienvenidos a la Enseñanza Viva.

Con mucho amor,

Wayne

MAYO 2007

Hola queridos míos:

Mi querido Ramesh celebrará su 90 cumpleaños en unos pocos días y si los dioses cooperan estaré con él en Mumbai para festejar el día. Nada podría darme más placer. Me considero infinitamente bendecido por haber recibido esta conexión con el hombre al que llamo mi gurú.

Cuando conocí a Ramesh, yo no estaba buscando un gurú. De hecho, no me consideraba el tipo de persona que se "subyugaría" a otra. Era de la opinión de que somos todos iguales y, por lo tanto, las relaciones tipo gurú y discípulo me parecían anticuadas y, si soy sincero, como medio de culto.

Pero iba a aprender que la relación gurú/discípulo tiene que ver con el amor y la devoción... y no con la subyugación. El gurú no pide nada y lo da todo a cambio. El discípulo da lo que puede y, si se da la gracia, según va pasando el tiempo pide cada vez menos.

En los veinte años en los que he tenido el privilegio de estar conectado con Ramesh me ha dado más de lo que jamás podría aspirar a devolverle. Considero que es una bendición el poder haberle ayudado económicamente y poder haber contribuido en alguna pequeña medida a facilitar su Enseñanza. Todo lo que he hecho ha sido sin obligación o demanda alguna por parte de Ramesh o de mí mismo. Podríamos llamarlo amor en acción.

Algunos de los que estáis leyendo esto ya conocéis la alegría absoluta que constituye haber encontrado a vuestro gurú. Para todos aquellos que todavía no habéis tenido este placer… sabed que la vida está llena de sorpresas… ¡cualquier cosa puede suceder!

Con mucho amor,

Wayne

Junio 2007

Hola queridos míos:

Recientemente me preguntaron: "¿Cuál es tu filosofía de vida?"
Mi respuesta inmediata fue: "Respirar."
La persona que me había preguntado asumió que yo no había entendido su pregunta, así que la repitió de otra manera: "¿Cuál crees que es la mejor manera de vivir?"
"¡RESPIRAR!" repetí.
Todos se rieron, pero yo no estaba haciendo un chiste. La filosofía o la espiritualidad no me suscitan ningún interés si son como un juego de ajedrez. En mi opinión, una filosofía de vida debe ser completamente práctica – debe tener sentido en la oficina y en el dormitorio, en la iglesia y en la discoteca. Por eso, la Enseñanza Viva señala esta función humana, la más básica de todas – vivir es respirar. Sin embargo todo el mundo sabe que no es ni el creador ni el señor de su respiración, sino que esta tiene vida propia, literalmente. Y como la respiración es (dejando a un lado algunas prácticas yoguicas) inmune a las pretensiones del ego, generalmente no resulta interesante. SIMPLEMENTE está ahí.

La Enseñanza Viva propone mirar con nuevos ojos esta respiración que vive en nosotros, nos da la vida, nos da capacidad de elegir, pensar, sentir y actuar. Esta respiración es una invitación abierta a la realidad de Lo que ES... quizás este sea el momento en el que crucéis.

Con mucho amor,

Julio 2007

Hola queridos míos:

Hay tanto miedo en el mundo... y no es de extrañar. Todos los días se nos bombardea con informes sobre guerras, asesinatos, robos, violaciones, destrucción medioambiental y mal comportamiento en todos los niveles de la sociedad. Determinados "miedos" están justificados y son saludables... si no se hace nada para cambiar de rumbo, nuestros hijos o los hijos de nuestros hijos probablemente se extinguirán debido a la contaminación medioambiental. Si metemos la mano por la verja hacia la cual corre el pitbull para atraparnos, lo más probable es que salgamos malheridos. Estos son miedos prácticos o funcionales. Sin embargo, existe otro nivel de miedo completamente diferente que tiene muy poco que ver con los práctico o lo funcional. Este es el miedo generado por la participación del ego. Es el miedo a qué pasará "CONMIGO." Este es el miedo que se experimenta como sufrimiento.

El organismo humano es en realidad bastante frágil, y el número de tragedias de las que podría ser víctima es ilimitado. El ego que pretende falsamente tener control sobre las cosas es descubierto en su impotencia ante esta lista de posibles males. El producto de esta interrelación entre la pretensión del ego de tener poder y la evidencia de su auténtica impotencia (tal y como vemos y leemos en las noticias) es el miedo. La respuesta que vemos más a menudo ante esto consiste en intentar conseguir MÁS control. La más reciente encarnación de este intento es un programa muy popular que se llama The Secret (El Secreto). Este tipo de ardides alimenta la necesidad insaciable del ego de aquello que más le duele no tener... poder.

La Enseñanza Viva enfoca este fenómeno del miedo egóico de una manera completamente diferente. Señala la causa fundamental del miedo mismo. Ayuda a exponer la falsedad fundamental de la pretensión del ego. Por eso, no tiene muchas probabilidades de ser acogida de manera popular por la corriente dominante. Sin embargo, PUEDE SER increíblemente efectiva en ayudar a reducir la fuerza de la falsa pretensión y por lo tanto efectiva en reducir el miedo resultante. Al reducirse el miedo, la necesidad de mantenerse agarrado y de controlar lo incontrolable se ve reducida y el sufrimiento es menor.

Si se da la Gracia, cualquier cosa es posible.

Con mucho amor,

Wayne

Agosto 2007

Hola queridos míos:

"Aquellos que no oyen la música
Piensan que los que bailan están locos"
Esto no debería de ser nada nuevo para aquellos que se sienten atraídos por la enseñanza Advaita. Habéis descubierto una manera completamente nueva de mirar a las cosas. Se han dado revelaciones y ya no podéis volver a la antigua manera de mirar. ¡Vuestra cabeza está en la boca del tigre!

Puede que también hayáis descubierto que hablar de estas revelaciones os enfrenta con los que os rodean. Incluso sugerir remotamente que el individuo no es el origen primero de sus acciones (y por lo tanto no es el responsable de crearlas) es invitar una fuerte oposición, a veces virulenta. Es como si el mundo hubiera acordado tácitamente no examinar sus supuestos más básicos, y si uno viola este acuerdo, se está metiendo en un buen lío.

Nisargadatta Maharaj (el gurú de mi gurú) tenía una política muy estricta que prohibía a sus discípulos hablar de la Enseñanza fuera de la sala de Satsang. Esto no solo prevenía que los ciegos guiaran a los ciegos, sino que ayudaba a proteger el tierno brote de una nueva revelación para que no fuera pisoteado por una sociedad ego-céntrica. Aunque no es mi naturaleza crear políticas, comprendo perfectamente el espíritu de la orden de Maharaj.

Tanto una comprensión más profunda como el alivio del sufrimiento que aparece al debilitarse la participación del ego suelen ser parte de un proceso. Particularmente en las primeras fases, es mejor dejar que la Enseñanza crezca y se haga fuerte dentro de uno antes de sacarla a la calle a pasear.

Puede que al hacerse más profunda la comprensión, uno incluso note que el impulso de hablar sobre la Enseñanza se reduce cada vez más.

Si se da la Gracia, todo es posible.

Con mucho amor,

Wayne

Septiembre 2007

Hola queridos míos:

Regularmente me regañan por no tener un estilo de enseñanza más parecido al de mis preceptores – especialmente Nisargadatta Maharaj. Maharaj era famoso por hablar desde el lugar del Absoluto. Decía cosas como: "Nunca nací y nunca moriré" y "Estoy despierto incluso cuando estoy dormido." Afirmaciones no duales tan asertivas como estas a veces tenían tal impacto sobre sus oyentes que llegaban a Ver de manera profunda y transcendente.

Comprendo bien este enfoque, pero raramente me he sentido cómodo utilizándolo. Me siento mucho más en casa cuando me encuentro con los que me escuchan allí donde ELLOS están... la mayoría de ellos creen que nacieron y que morirán y que cuando están dormidos, están dormidos. Desde este punto de verdad "obvia" podemos pasar a examinar la naturaleza subyacente, más profunda de este "uno" que vive y muere y duerme.

Nadie puede negar que ahí hay EXISTENCIA. La naturaleza de esa EXISTENCIA puede debatirse (y ha sido debatida infinitamente). Pero esta EXISTENCIA es la prueba de sí misma. No es un punto de debate filosófico, sino una VERDAD que se autoafirma. Está aquí, en el mismo centro, cuando uno va quitando las capas de cebolla de su yo aparente – el yo que vive y muere y duerme y se despierta.

Somos víctimas de nuestras creencias. Cuando uno se "cree" los indicadores de un maestro como Maharaj, el resultado inevitable es una especie de nihilismo en el que todo lo que es aparente (yo incluido) se niega como ilusorio y carente de sentido. Cuando uno se cree los indicadores de un maestro como yo, el resultado inevitable es la sensación de tener un conocimiento cada vez más profundo y verdadero de la naturaleza de la Existencia. Todas estas creencias son igualmente Verdaderas y falsas.

Así que, elegid vuestro veneno. Con un poco de suerte… cualquiera de los dos matará a ese "uno" que cree que ha encontrado la Verdad.

Con mucho amor,

Wayne

Noviembre 2007

Hola queridos míos:

El único requisito para participar en la Enseñanza Viva es estar Vivo. Si alguno está convencido de que no existe y por lo tanto no está vivo, cuándo se os haya pasado podéis volver cuándo queráis. A todos los demás, ¡bienvenidos! Este estar vivo del que estamos hablando merece la pena ser investigado. Está aquí, en este momento. Está tan cerca de vosotros como vuestra respiración. De hecho, vuestra respiración ES este estar vivo. No tenéis que acordaros de respirar; vuestra respiración os respira a vosotros, literalmente. Dejad de leer las palabras de esta página un momento e investigad este fenómeno que es la respiración...

(Si no habéis parado, sino que simplemente habéis seguido leyendo hasta llegar a esta oración, lo comprendo perfectamente – os parecéis mucho a mí – sin embargo, VERDADERAMENTE hay algo que ver al parar un instante, incluso si uno es un estudiante "avanzado" y ha examinado su respiración muchas veces con anterioridad).

Quizás hayáis podido ver como vuestra respiración "simplemente sucede". Uno respira incluso cuando se le olvida respirar. Hay una fuerza que funciona independientemente de las propias decisiones e intenciones. La Enseñanza Viva se ocupa de esta fuerza. Es esta Vida la que lo está viviendo a uno – incluso hasta el punto de creer equivocadamente que es uno el que la vive a ELLA.

Me siento continuamente asombrado y encantado por la manera en que esto de vivir sucede. Es lo que alimenta los milagros, entre los cuales, ¡nuestro compartir este pensamiento no es de los menos importantes! Yo escribo: vosotros leéis. A través de una red de relaciones infinitamente compleja se da una especie de reconocimiento, un tocarse, en el que el tiempo se disuelve y la Unidad se revela.

Con mucho amor,

Wayne

DICIEMBRE 2007

Hola queridos míos:

Para aquellos de nosotros que somos tan espiritualmente atrasados como para creer en la existencia de tiempo y espacio, un año más llega a su fin. Es una oportunidad para parar un momento y reflexionar sobre el milagro que es El Vivir. Dentro del Vivir están las polaridades opuestas... nacimiento y muerte, felicidad y tristeza, placer y dolor, inhalación y exhalación... y es el continuo movimiento entre estas polaridades lo que constituye la EXPERIENCIA de estar vivo. Algunas personas creen que la muerte es el final de Vivir, cuando de hecho la muerte es simplemente el final de una experiencia particular dentro de El Vivir. El Vivir continúa incluso después de que se extinga un punto particular de la experiencia.

Cuando el nacimiento y la muerte se conocen como lo que son – opuestos conectados dentro de El Vivir – gran parte del miedo y del dramatismo desaparecen del proceso.

Algunas veces esta Enseñanza Viva facilita una revelación extraordinaria:

Lo que VERDADERAMENTE eres no está limitado a un punto particular de la experiencia. Lo que VERDADERAMENTE eres es El Vivir mismo.

Feliz Año Nuevo a TODOS!

Con mucho amor,

Wayne

Enero 2008

Hola queridos míos:

¿A quién le importa? fue el título de uno de los primeros libros de Ramesh. Esto se puede entender de dos maneras. A un nivel superficial, esta expresión coloquial indica falta de interés o una actitud despreocupada. A pesar de que todo el mundo tiene momentos en los que no le importa nada, hasta el sadhu más enloquecido por dios tendrá momentos en los que algo le importará.

Lo cual nos lleva al significado más profundo de "¿A quién le importa?" Cuando SÍ se da el importar, ¿quién lo produce? ¿Como mecanismo cuerpo-mente individual, tiene uno la capacidad de crear ese importar? Desde luego uno puede elegir que algo empiece o deje de importarle a uno, pero puede uno siempre hacer que su elección se materialice? Si uno descubre que no siempre puede hacer que su elección se materialice, eso parecería sugerir que hay una FUERZA VIVA aparte del ego de uno que determina lo que sucede. Esta FUERZA VIVA es lo que trata la enseñanza Advaita y fue con la esperanza de ayudaros a descubrir esta FUERZA VIVA que Ramesh preguntó "¿A quién le importa?"

Con mucho amor,

Wayne

Febrero 2008

Hola queridos míos:

Probablemente os habéis pasado toda la vida intentando controlar y modificar aquellos eventos que veis que están relacionados con vuestra culpa y sufrimiento. Intentáis ser más pacientes, más honestos, más amorosos, más castos, más generosos, más abiertos, más tolerantes, más productivos o más eficaces. A pesar de vuestros esfuerzos es probable que algunos, quizás todos los eventos relacionados con vuestro sufrimiento y vuestra culpa sigan sucediendo.

Puede que este sea el momento de adoptar un enfoque radicalmente diferente. En lugar de intentar incluso con más ahínco controlar vuestro comportamiento, quizás haya llegado el momento de dirigir vuestra atención a este OTRO aspecto de vuestra sensación de culpa y de sufrimiento.

La Enseñanza Viva os invita a parar aquí y a ver algo como por primera vez. Examina de cerca el supuesto de que PODRÍAIS haber actuado/reaccionado de manera diferente en el momento en el que hicisteis lo que hicisteis. Examina como el ego proclama que fuisteis los autores (el origen independiente) de ese evento por el cual existe ahora un sentimiento de culpa.

¿Es verdad?
¿Es realmente verdad?
¿Podría haber sido diferente?
¿Fuisteis el origen independiente? Mirad de cerca.
Si no veis, mirad de nuevo.

Con mucho amor,
Wayne

Marzo 2008

Hola queridos míos:

Esta Enseñanza Viva está aquí mismo, ahora mismo. De hecho está tan cerca de vosotros como vuestra respiración. Al mirar en lo más profundo de vosotros mismos puede que os deis cuenta de que hay, en este momento, una cualidad vital que os da la vida y que no es filosófica ni abstracta. ¡Está ahí! Impulsa la sangre por vuestras venas, mueve vuestra respiración, es lo que posibilita que penséis y habléis y veáis y oigáis.

Esto es algo esencial y fundamental y verdadero. Es independiente de lo que penséis, creáis o sintáis sobre ello. Está aquí y, si se da la Gracia uno se disuelve en ello. Uno reconoce su verdadero ser en ello. Es esta fuerza viva, esta fuerza vital que se ha manifestado en la complejidad que llamamos Vida. Es esta fuerza viva la que se ha manifestado en este ser al que uno llama yo.

Es al mismo tiempo extraordinario y simplemente obvio.

Con mucho amor,

Wayne

ABRIL 2008

Hola queridos míos:

¿Habéis hecho algo alguna vez que hubierais jurado que nunca haríais? Quizás fuera algo tan sencillo como plantarle el dedo a vuestro hijo delante de la cara para decirle que no (algo que vuestra madre os hacía a vosotros y que prometisteis nunca hacer a vuestros propios hijos). O quizás hayáis tenido una aventura extramatrimonial a pesar de creer que esto no está bien. Si examináis la historia de vuestra vida puede que encontréis "vergüenzas" de este tipo. ¿Cómo puede ser que hicierais estas cosas a las que os oponíais categóricamente?

Generalmente yo-el-ego se adjudica la responsabilidad. "Yo" podría y debería haberme comportado mejor. "Yo" debería haber resistido la tentación. "Yo" debería haber sido más fuerte, más sabio. "Yo" debería haber sido menos egocéntrico, menos egoísta.

La Enseñanza Viva nos alienta a examinar estas acciones en profundidad. Dichos eventos pueden ser como ventanas para ver la Verdad de lo que estaba funcionando en esos momentos. ¿Qué fuerzas Universales (independientes del ego) podrían haber generado esa acción concreta? ¿Genes? ¿Hormonas? ¿Condicionamiento? ¿Se puede aislar cualquiera de estas influencias? Al mirar puede darse el ver. Al ver, puede darse la Comprensión.

Con mucho amor,

Wayne

Junio 2008

Hola queridos míos:

Siento tener que informar de que nuestro querido Ramesh fue sometido a una operación de vesícula hace poco más de una semana. Me alegra informar de que la operación fue un éxito y de que se está recuperándo bien. En el momento en el que escribo (21 de junio) se le ha programado el alta para dentro de un día o dos. Entonces comenzará su periodo de convalecencia en casa. Retomará sus Charlas diarias en casa en cuanto se haya recuperado lo suficiente. Conociendo a Ramesh, estará sentado en su silla, hablando de Advaita a sus visitas mucho antes de lo que sus médicos y familiares recomendarían... tal es la pasión por la Enseñanza que le arde por dentro.

Iremos publicando detalles sobre la reanudación de sus Charlas según vayamos teniendo noticias en la sección CALENDARIO DE EVENTOS del sitio web Advaita.org.

Sucesos como estos nos recuerdan el recurso tan preciado que tenemos en la persona de Ramesh. Su amabilidad, sabiduría y generosidad de espíritu son regalos asombrosos para todos aquellos que tienen la buena fortuna de conocerle. Estoy seguro de que me acompañaréis deseándole una rápida recuperación.

Con mucho amor,

Wayne

AGOSTO 2008

Hola queridos míos:

Una de mis citas favoritas es: "La Vida es como lamer miel de una espina." Señala esas cualidades gemelas que constituyen la totalidad de la existencia. No existe el placer sin dolor, ni la alegría sin la tristeza. Darse cuenta de esto, profundamente, es entrar en armonía con Lo Que Es.

Las palabras de Ramesh en el boletín de este mes (mirad hacia el final, en la parte de abajo) señalan el hecho de que esta revelación surge de "mirar con valor y claridad" a la Esencia. Una de las avenidas más directas en este sentido consiste en comenzar con lo que uno tiene delante... la experiencia del momento, la respiración, la sensación de estar vivo... cualquiera de estas cosas servirá. Si uno se descubre desviándose hacia la especulación filosófica... ¿Qué quiere decir? ¿Por qué está sucediendo?... simplemente hay que volver con suavidad a la experiencia que uno tiene delante.

Si se da la Gracia aparece una disolución del Problema de la Vida que despeja el camino para poder contemplar los problemas y las alegrías de la vida que se suceden sin fin.

Con mucho amor,
Wayne

SEPTIEMBRE 2008

Hola queridos míos:

Esta Enseñanza le alienta a uno a encontrar la verdad por sí mismo, examinado la propia experiencia. A lo largo de la vida, uno tiene experiencias. La verdadera pregunta es: ¿qué papel jugó uno en que sucedieran esas experiencias? Si uno deconstruye cualquier evento de su vida, puede empezar a ver que cualquier evento singular es parte de una matriz mucho mayor y más compleja que lo que uno podría crear con su propio ser físico. Si uno mira su propia experiencia y sus propios orígenes, puede empezar a ver que lo que uno es ahora es el producto de una enorme diversidad de fuerzas genéticas y medioambientales que están más allá del control personal.

Si al mirar, veis que estas fuerzas Universales son las responsables de crear quien sois hoy en día, la culpa se desvanece sola de manera natural. No hay que hacer ningún esfuerzo por reducirla, simplemente se disipa al ver.

Todos somos una mezcolanza de cualidades. ¡Si cualquiera de nosotros fuéramos capaces de crear nuestras propias realidades, seríamos todo santos! Seríamos amorosos y amables y generosos todo el tiempo, porque cuando somos amorosos y amables y generosos nos sentimos mejor, todo el mundo se siente mejor y produce más alegría en la vida. El hecho de que a pesar de nuestras mejores intenciones, y nuestras observaciones y esfuerzos más concienzudos, seguimos estando llenos de cualidades positivas y negativas, parece sugerir cierta incapacidad de control por parte del organismo humano. Quizás si miráis, podréis ver el misterio en toda su profundidad y seréis libres. ¡Eso espero!

Con mucho amor,

Wayne

Octubre 2008

Hola queridos míos:

La clave de la Enseñanza Viva consiste en tener una curiosidad vibrante. La curiosidad es lo que le mueve a uno a mirar. Y a veces, al mirar… uno ve.

No estoy diciendo que DEBERÍAIS ser curiosos. Más bien que la curiosidad ya existe dentro de vosotros. Es lo que os está impulsando a leer estas palabras. Es lo que os trajo hasta esta Enseñanza.

Lo realmente maravilloso de esta curiosidad es que no tiene ni objetivo ni plan. El propósito único de la curiosidad consiste en satisfacerse a sí misma. La paradoja maravillosa es que la curiosidad nunca se satisface de verdad. Simplemente cambia de foco, yendo de una cosa a otra… algunas veces en profundidad, a veces solo por encima.

La curiosidad es libre de la sensación de que soy yo el que lo hace. La curiosidad es algo que simplemente aparece. Por lo tanto es más libre y tiene un alcance más amplio que la investigación formal. Nunca nadie ha fallado en curiosidad.

La Enseñanza Viva existe para apoyar esta curiosidad donde y cuando quiera que aparezca. Está aquí para avivar la chispa con la esperanza de que la chispa se convierta en un incendio… que os consuma.

Con mucho amor,

Wayne

Noviembre 2008

Hola queridos míos:

He estado viendo un nuevo DVD sobre Nisargadatta que me ha fascinado. He sentido una resonancia con él que nunca había sentido con ninguna de sus imágenes o libros. Las preguntas que le hacían eran en esencia las mismas que nos hacen a Ramesh o a mí y a la mayoría de los otros maestros de esta tradición. Las preguntas a menudo tienen que ver con la naturaleza del Sabio y de la Iluminación, e inevitablemente se enfocan en el organismo cuerpo-mente. ¿Se preocupa el sabio? ¿Siente el sabio miedo de la muerte? ¿Adquiere el sabio karma? Nisargadatta tenía poca paciencia con estas preguntas, particularmente hacia el final de su vida, cuando su energía iba desvaneciéndose. Su enseñanza se alejaba del cuerpo-mente y se dirigía de vuelta al Ser que es la esencia de todo. Volvía una y otra vez, incesantemente, a enfocar la atención sobre lo Absoluto en lugar de lo temporal. "¿Qué erais antes de ser concebidos?", preguntaba.

Me ha parecido particularmente divertido cuando en una escena del DVD Maharaj hablaba de la FUERZA DE LA VIDA que era responsable de todo. ¡En cambio en el subtítulo decía que el ORIGEN DE LA LUZ era responsable de todo! Desde luego era un simple y comprensible error, pero ilustra el peligro que conlleva considerar las afirmaciones del gurú que han sido registradas como la Verdad. ¡No me sorprendería descubrir en algún lugar del mundo a algún buscador postrándose fervientemente delante de una bombilla!

Con mucho amor,

Wayne

DICIEMBRE 2008

Hola queridos míos:

Al final de este boletín encontraréis un pasaje maravilloso de las notas no publicadas de la gira de Ramesh de 1989 sobre la confianza. Lo que dice es que la confianza es esencial para la vida. Sin una confianza fundamental quedaríamos paralizados. Normalmente concebimos la confianza como una fe en que alguien actuará de acuerdo con nuestras expectativas, pero la confianza que señala Ramesh va mucho más allá. La confianza de la que habla él es una sensación de que el universo está en perfecto orden, de que incluso el mal, la desgracia, la enfermedad y la traición son parte del orden perfecto de las cosas. Confiar de esta manera es caminar con ligereza sobre la tierra. Es conocer la serenidad en medio de la calamidad. Es sentirse cómodo con estar vivo.

La Enseñanza Viva señala a la Unidad de todas las cosas. Incluye todo lo que se considera bueno y todo lo que se considera malo. Le anima a uno a mirar más allá de la superficie para conocer la Verdad. Una vez que uno ve más allá de la falsa pretensión de ser una entidad separada y capaz de autoría, uno se encuentra cara a cara con el Misterio que constituye la mismísima base de la confianza y, en última instancia, de la libertad.

Con mucho amor y mis
mejores deseos para 2009,

Wayne

UNA GEMA VIVIENTE DE RAMESH

El sabio, el hombre sabio, tiene la actitud básica, tanto en su trabajo como en su vida de confiar con respeto en la naturaleza y en la naturaleza humana, a pesar de las guerras, las revoluciones, las hambrunas, las inundaciones, el aumento del crimen y todo tipo de horrores. No le preocupa la idea del pecado original, ni tiene la sensación de que la existencia (samsara) sea en sí misma un desastre. Su comprensión básica es que si uno no puede confiar en la naturaleza y en otras personas, uno no puede confiar en sí mismo; si uno no puede confiar en sí mismo, ¿cómo puede uno confiar en su desconfianza de sí mismo? En otras palabras, sin esta confianza de base, esta fe en el funcionamiento de la Totalidad, del sistema completo de la naturaleza, uno se queda simplemente paralizado. Por supuesto, en última instancia no es una cuestión de ponerse a un lado a confiar en la naturaleza que está al otro lado; en realidad es cuestión de darse cuenta de que nosotros y la naturaleza somos un único proceso, y no entidades separadas.

1989 (sin publicar)

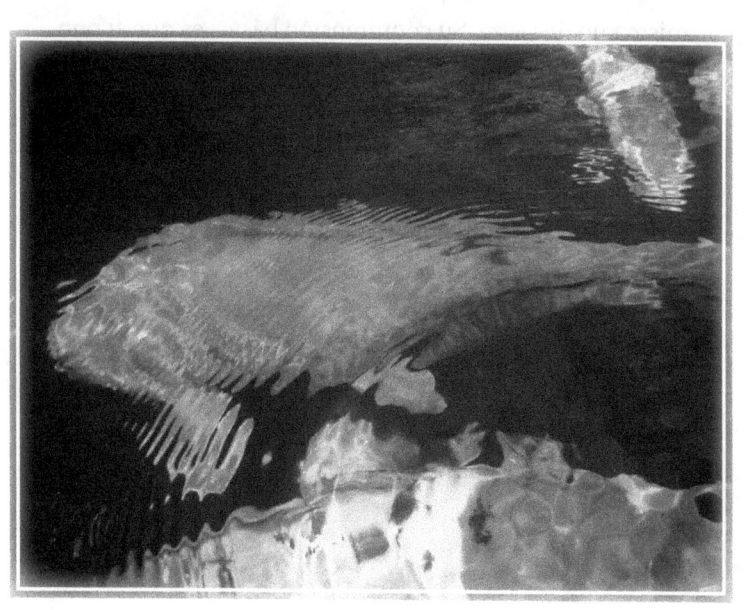

ENERO 2009

Hola queridos míos:

La Enseñanza Viva está construida sobre el principio de mirar en profundidad. La Verdadera Fe se entiende como cuestión de ver, no de creer. Surge de manera natural al Comprender la naturaleza de Lo Que Es. Dentro de la Enseñanza Viva, la fe y la Aceptación están unidas. Sea lo que sea que uno observa en profundidad, lo puede llevar a uno a enfrentarse al Misterio que constitye la raíz de todo. La Fe es la Comprensión profunda de lo que realmente Es.

Observar en profundidad sucede a través de diferentes canales. Las personas inclinadas a Pensar observan principalmente con el intelecto. Las personas inclinadas a Sentir observan principalmente con sus corazones. Las personas inclinadas a hacer observan principalmente a través de sus acciones. Las personas inclinadas hacia el Yoga observan principalmente a través de su respiración y de sus cuerpos. La Enseñanza Viva se puede ver como un río del cual se ramifican todos estos canales y al que vuelven todos estos canales inevitablemente.

Con amor,
Wayne

MARZO 2009

Hola queridos míos:

Libertad es una palabra que a menudo se utiliza de manera intercambiable con la palabra Iluminación. Estar iluminado es ser libre. ¿Pero alguna vez os habéis parado a considerar lo que significa ser libre? Es curioso. Si preguntamos a la gente en qué piensan cuando piensan en la libertad, la mayoría de la gente habla de la libertad de hacer lo que les venga en gana. La libertad de ir a donde quieran ir. La libertad de decir lo que quieran decir y de hacer lo que quieran hacer. La libertad a menudo se asocia con elegir. La libertad de elegir a un líder (votar). La libertad de elegir a un cónyuge. La libertad de elegir una carrera. En esencia este tipo de libertad tiene que ver con conseguir lo que uno quiere. Presumiblemente, cuanto más libre es uno, mejor capacitado estará para conseguir lo que quiere y más satisfecho estará. Esta noción de libertad está inevitablemente asociada al poder. Si uno tiene poder físico tiene la libertad de ascender montañas que no serían accesibles si fuera débil. Si uno tiene poder económico, tiene la libertad de viajar a lugares y de adquirir cosas que estarían fuera de su alcance si fuera pobre. De esta manera, la libertad se asocia con la adquisición o el control, y la gente se imagina que el camino hacia la libertad tiene que ver con la adquisición o el control. Sin embargo, el deseo de este tipo de libertad es ilimitado e insaciable. Cuanta más consigue uno, más queda por conseguir.

Solo hace falta leer los periódicos para ver a dónde ha llevado este enfoque al mundo fiscal. En el mundo espiritual este mismo deseo de adquisición y de control toma la forma de un materialismo espiritual que busca una COMPRENSIÓN mayor y más profunda. La libertad espiritual a menudo se concibe como estar libre de actividad mental o de ira o de deseo. De esta manera, la ecuanimidad y el estar en paz se ven como estados a conseguir, bien sea por medio de la diligencia o de la rendición.

De hecho, la libertad nunca se consigue. Solo puede revelarse. La libertad no es algo que se adquiere, sino una condición que ya existe. Es aquí y ahora, y lo subyace todo. La verdadera libertad es la Aceptación total.

Con mucho amor,

Wayne

Abril 2009

Hola queridos míos:

Nuestro lenguaje nos puede decir muchas cosas sobre los supuestos de la sociedad en la que vivimos. A menudo oigo a gente decir: "He tomado algunas decisiones equivocadas, por eso estoy ahora en esta situación tan complicada." A un nivel superficial, esto puede parecer obvio e indiscutible, pero suscita una pregunta mayor. ¿Cuál fue el origen de la elección? Con los niños se ve más claramente. Si uno le pregunta a un niño pequeño: "¿Por qué elegiste pegarle a Billy y quitarle el juguete?" el niño probablemente le mire a uno como si no entendiese nada. No puede comprender la noción de que "eligiera" hacer lo que hizo. En su mente, simplemente HIZO lo que hizo. Si se le presiona, se explicará diciendo: "No sé, simplemente me apetecía." En otras palabras, fue un suceso. SUCEDIÓ.

Según nos hacemos mayores, aprendemos a jugar el juego de los adultos. Aprendemos a contar historias elaboradas sobre lo que sucede. Aprendemos a dar RAZONES por las que sucede lo que sucede. Aprendemos a aceptar el mérito y la responsabilidad, que rápidamente se transforman en orgullo y culpa. El fundamento del juego de los adultos se encuentra en la pretensión de autoría personal, una pretensión que está profundamente arraigada en la cultura y la sociedad humanas. Estas profundas raíces son el mayor obstáculo para la investigación imparcial de la verdad o falsedad de esta pretensión de autoría personal.

La Enseñanza viva le alienta a uno a ser infatigable en su búsqueda de la verdad de Lo Que Es. Si uno se siente curioso y capaz de examinar en más profundidad el Origen, habrá sido tocado de una manera ciertamente poco habitual.

Con mucho amor,

Wayne

JUNIO 2009

Hola queridos míos:

> "Creed a aquellos que están buscando la verdad.
> Dudad de aquellos que la encuentran."
> - Andre Gide (1869-1951)

Estoy muy contento con que este mes se presente mi nuevo libro *La iluminación no es lo que crees*. Si consigue, en la medida que sea, disipar algunos de los mitos sobre la Iluminación, me sentiré satisfecho.

En la Enseñanza Viva se reconoce que buscar la Verdad es infinitamente más valioso que encontrarla. La búsqueda es vibrante y está llena de vida. Una vez que crees que la has encontrado, el conocimiento resultante es simplemente un cadáver.

El conocimiento se adquiere. La Verdad se revela. La naturaleza de esta revelación es una ausencia en lugar de algo que se obtiene. Por supuesto, es imposible describir una ausencia... solo podemos describir algo que tiene propiedades. La imposible tarea de describir la Iluminación, junto con la insaciable sed por parte de los buscadores de saber lo que es, ha producido un increíble despliegue de indicadores. El destino inevitable de tales indicadores es que la gente los escuche como descripciones y los interprete como Verdades.

Intentar señalar la falacia que conlleva cada creencia sobre la Iluminación sería una tarea infinita y desagradecida. Me he conformado con presentar una perspectiva más amplia sobre el tema, en la que se puede encontrar una comprensión nueva y más profunda. Espero que os resulte valiosa.

Como siempre, ya veremos qué pasa.

Con mucho amor,

Wayne

Julio 2009

Hola queridos míos:

Aproximadamente una semana antes de llegar a Mumbai con motivo de Gurú Purnima, recibí la triste noticia de que la maravillosa esposa de Ramesh, Sharda, había fallecido en su casa, tranquilamente y llena de paz.

Lo que siempre recordaré de Sharda Balsekar son sus manos. Estan congeladas en mi memoria, las yemas de los dedos y del pulgar todas juntas formando una punta, suspendida sobre un plato de puri batata, como si estuviera espolvoreando magia o polvo de hadas. Y ciertamente ERA una especie de magia o polvo de hadas... si se le puede llamar al amor magia o polvo de hadas. Porque ese es exactamente el ingrediente que transformaba aquellos componentes mundanos en algo verdaderamente sublime. El amor de Sharda impregnaba cualquier cosa o persona que tocara, transformándonos y enriqueciéndonos.

Sharda vivió en mi casa y yo viví en la suya. Durante veintiún años nuestros caminos se cruzaron cada año, a veces brevemente, a veces durante meses. Siempre fue la personificación de la gentileza y la sutileza. Era una persona interesante que a la vez se interesaba por los demás. Tenía la habilidad de hacerme sentir como si contara con su total atención.

Otra imagen de ella que permanecerá en mi mente es sobre las altas laderas del monte Haleakala en la Isla Hawaiana de Maui, bebiendo a sorbitos una copa de champagne, suavemente mareada, con el helicóptero que nos había llevado hasta allí listo al fondo. Sus ojos centelleaban como el vino y podía ver que en ese momento se sentía verdaderamente feliz, como si fuera una niña a la que se le hubiera concedido un placer prohibido.

Por encima de todo… Sharda se interesaba. Se interesaba por su familia y por la mía. Se interesaba por mí y por todos aquellos que fuimos agraciados con un poco de su tiempo sobre la Tierra.

Con mucho amor,

Wayne

Agosto 2009

Hola queridos míos:

El reciente fallecimiento de Sharda, la querida esposa de Ramesh, la delicada situación médica en la que se encuentra Ramesh en este momento (ingresado con neumonía) y el nacimiento de mi primera nieta, Hailey, hace dos semanas, me ha hecho reflexionar sobre este milagro agridulce que es la vida.

En la Enseñanza Viva, hablamos de la Vida tal y como la experimentamos, como la suma de nacimiento y muerte. En forma de ecuación: Nacimiento + Muerte = Vida. Este es un enfoque muy diferente a la idea común de que la muerte cancela la vida. Vida − Muerte = 0. Según este modelo, la Muerte es como una negación. Su resultado es un vacío, un cero.

Cuando adoptamos el enfoque holístico del principio, la muerte se comprende como un componente esencial de la fórmula de la Vida. La Vida en sí misma es eterna. La Vida es la fuente de todo. Es nuestra naturaleza perdurable y esencial.

Como seres humanos, generalmente asociamos el nacimiento con la alegría y la felicidad, y la muerte con el dolor y la tristeza. Mi reacción al tener en los brazos a mi nieta, de escasos minutos de edad, fue casi de éxtasis. Más tarde me preguntaron cómo había sido diferente de tener por primera vez a mi hija en los brazos ... después de reflexionar un poco me di cuenta de que el nacimiento de mi nieta había sido más intenso para mí debido a mi actual relación con la muerte. Hace treinta años, cuando nació mi hija, yo estaba poco conectado con la muerte. Era algo abstracto, algo de lo que era independiente. Sabía de manera intelectual que moriría algún día, pero esto no tenía peso real. Ahora ya no es así. Ahora la muerte es real para mí. Sostuve a mi padre en mis brazos según moría. Puedo sentir mi propia mortalidad en el cuerpo, según envejece. He visto con tristeza como mi querido gurú iba haciéndose más viejo y más débil. De alguna manera extraña pero maravillosa, este encuentro con la muerte hace que el nacimiento sea todavía más espectacular. El nacimiento y la muerte se alimentan mutuamente. En ver esto... en la Aceptación que conlleva este ver, está la Paz. ¡Ojalá os encuentre ahora!

Con mucho amor,

Wayne

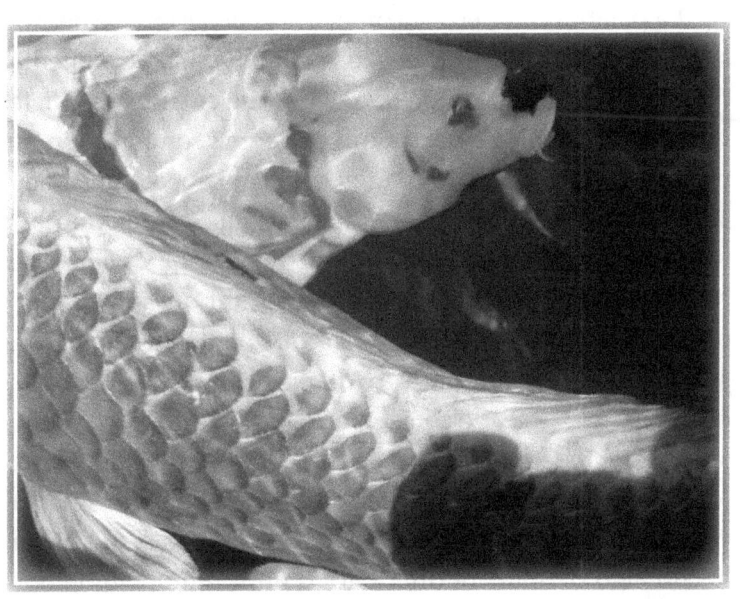

Septiembre 2009

Hola queridos míos:

Una de las reacciones más comunes durante mis charlas sobre la Enseñanza Viva es: "Si todo 'simplemente' sucede y está predeterminado, ¿por qué debería esforzarme por hacer nada?" La palabra clave en esta oración es "debería". De hecho, la cuestión de deber no existe realmente. Os deis cuenta de ello o no, hacéis lo que hacéis porque el Universo dicta vuestras acciones. Lo hace a través de una combinación de predisposición genética y condicionamiento medioambiental subsecuente (experiencia y aprendizaje). Si examináis vuestras acciones en profundidad puede que veáis que hacéis cosas independientemente de sentir que debéis o no debéis hacerlas. El "debería" es simplemente un cuento que se cuenta sobre lo que pasará o lo que ha pasado. Cuando lo que pasa está alineado con el sentimiento de "debería", uno se siente satisfecho. Otras veces hay una desconexión entre lo que ha pasado y lo que uno siente que "debería" haber pasado y aparece la culpa (si es UNO el que debería haber hecho algo de manera diferente) o un sentimiento de que el mundo es un desastre (si es el UNIVERSO el que debería haber hecho algo de manera diferente).

Al final de este boletín hay una cita de Ramesh de hace veinte años en la que habla del esfuerzo sin esfuerzo. Lo que describe es el esfuerzo sin el "debería" que lo sigue, que siempre es producto de la participación del Falso Sentido de Autoría (el "yo").

Considerad esta nota como aliento para continuar siguiendo a vuestro curioso corazón hasta un lugar en el que presenciar en silencio.

Con mucho amor,

Wayne

29 Septiembre 2009

Queridos Amigos,

Con el corazón lleno de pesar os escribo para contaros que nuestro querido Ramesh ha fallecido esta mañana a las 09h en su hogar en Bombay.

Ramesh fue un ser verdaderamente extraordinario. Su vida como banquero de éxito, autor y maestro espiritual enriqueció de manera directa las vidas de decenas de miles de personas.

El momento en el que conocí a Ramesh marcó mi vida, y tengo la certeza de que así fue para muchos de los que estáis ahora leyendo esto. Su espíritu generoso, su presencia abierta y amorosa y su Comprensión espiritual se aunaban para convertirle en uno de los grandes sabios del siglo XX. Realmente es una bendición haberle conocido... sea "en persona" o a través de su Enseñanza.

Ramesh sigue vivo. A pesar de que su cuerpo retornará esta tarde a los elementos, su espíritu sigue vivo en sus libros y en los corazones de todos aquellos que le conocimos y le quisimos.

Hace veintidós años Ramesh entró en mi vida. Hoy su cuerpo salé de ella. El haber podido caminar a su lado durante todo este tiempo y poder haberme postrado a sus pies ha sido para mí la mayor de las bendiciones de la vida. Echaré de menos poderme sentar con Ramesh, ver un partido de cricket o comer chocolate juntos o reírnos de algún chiste tonto que leía en el periódico. No es la grandeza del hombre lo que echaré de menos… su grandeza no disminuye con la muerte… son los detalles, las cosas humanas…

Muchos de vosotros compartiréis conmigo la exquisitez del dolor humano por la pérdida de un ser querido. Si os tomáis un momento para contemplarla, puede que veáis en este dolor la maravilla de la Vida misma. En ese caso, se habrá dado verdaderamente la Gracia del Gurú.

Con mucho amor,

Wayne

OCTUBRE 2009

Hola queridos míos:

Ha pasado un mes desde la muerte de Ramesh. Para mí el dolor agudo de la pérdida ha pasado a ser un dolor sordo. He recibido muchas cartas y correos electrónicos preciosos de personas que expresaban su amor por Ramesh y que hablaban del profundo impacto que había tenido en sus vidas. Para muchos de nosotros fue uno de los regalos más asombrosos de la vida.

Ramesh solía contar la historia de un amigo suyo editor que equivocadamente se consideraba iluminado. Cuando la esposa de este hombre murió, el dolor le consumía, y esto le hizo sentirse confuso. Él había imaginado estar "por encima" de tales emociones mundanas y humanas... había pensado que al saber que tanto él como todo lo demás eran lo Absoluto, ¿quién podría llorar la muerte de quién? Esto señala uno de los mitos más persistentes que rodean la iluminación... que genera una especie de indiferencia pasiva en la que se sabe que todo es ilusorio, incluyendo la persona misma que lo sabe. La mayor parte de las religiones organizadas exaltan al renunciante, al sufí errante o sadhu o penitente o monje que deja atrás su negocio y su vida familiar para centrarse en lo Supremo. Esto presupone que la vida cotidiana y lo Supremo son cosas separadas y excluyentes. Yo prefiero el indicador taoísta que se refiere al hombre que ha alcanzado la Comprensión como un ser humano perfectamente corriente. Come cuando tiene hambre, trabaja para mantenerse a sí mismo y a su familia, disfruta de su sexualidad y llora cuando algo le duele. Vive de acuerdo con su naturaleza.

Uno de mis recuerdos favoritos de Ramesh es como le gritó apasionadamente a la televisión durante un programa de Quién Quiere Ser Millonario en el que el concursante eligió arriesgarse a perder una pequeña fortuna para pasar al siguiente nivel... "¡¡Menudo idiota!!" gritó Ramesh, el mismo banquero conservador de siempre.

Ramesh fue uno de los hombres más ordinarios entre los hombres extraordinarios. Su vida lo atestigua. Por lo tanto no sorprende que levantara las iras de los fundamentalistas religiosos modernos para quienes Comprensión es sinónimo de renuncia y que tienen ideas muy claras sobre como "deberían" ser los demás. Ramesh capeaba estos ataques, a menudo maliciosos y virulentos, con su elegancia y buen humor habituales. "Brickbats and bouquets" (Diatribas y flores) solía decir. Admito que no conocía la palabra "brickbat" (cachiporra, crítica), pero entendía lo que quería decir, que en esta vida algunas personas te lanzan amor (flores) y otros te lanzan odio (cachiporras) y que al final, lo que te lanzan tiene más que ver con ellos que contigo.

Con mucho amor,
Wayne

Noviembre 2009

Hola queridos míos:

Niels Bohr, el famoso físico dijo: "Es erróneo pensar que la tarea de la física consiste en descubrir cómo ES la naturaleza. La física se ocupa de lo que DECIMOS sobre la naturaleza." Creo que esta afirmación es igualmente aplicable en los campos de la espiritualidad y la religión. Todos los debates sobre Dios, el Origen o la Iluminación son debates sobre lo que se ha DICHO sobre el tema, incluso si fue la propia mente de uno la que lo dijo.

La mente confunde su habilidad para etiquetar y comparar cosas con conocer de verdad lo que algo ES. Este malentendido fundamental es la base del descontento humano. No es la limitación misma la que causa el descontento, es la ignorancia con respecto a la limitación. La mayor parte de la gente cree que lo que piensan que es la verdad es la Verdad en el sentido Absoluto, en lugar de darse cuenta de que es verdad solo en un sentido relativo y limitado.

Es por este motivo por el que la Enseñanza Viva se centra en la naturaleza esencial de uno, alentándole a seguir su curiosidad con respecto a Lo Que Uno ES, en lugar de lo que uno cree que es.

Hay muchos caminos hasta el borde del precipicio. Aquel por el que uno camina puede vislumbrarse mirando atrás por encima del hombro.

Con mucho amor,
Wayne

Diciembre 2009

Hola queridos míos:

El final del año es un momento natural para parar y reflexionar. Dragar la memoria. Preguntarse sobre el futuro. Para mí el año ha encarnado la realidad de los opuestos polares. Mi querido gurú y su querida esposa, Sharda, fallecieron. Su marcha fue intensamente dolorosa. Su ausencia ha dejado un agujero tan grande como una galaxia. Al mirar un DVD de la última Charla de Ramesh, me sentí inundado de gratitud por haber conocido a este gran hombre. Estaba frágil y débil y, en cierto modo, casi no estaba ya, pero aun así seguía hablando y enseñando y dirigiendo a su visitante hacia una comprensión de la Realidad más profunda, palpable en la sala. Su sola presencia decía inmensamente más que sus palabras. Aquello que nace, ha de morir. Aquello que nunca nació es eterno.

Una gran tristeza trae de la mano una gran alegría. Mi nieta Hailey nació y pude sostenerla en mis brazos unos pocos minutos después del parto y experimentar esa conexión exquisita que es la esencia de nuestra humanidad. Verla crecer y desarrollarse, sonreír, reírse, reconocer y agarrar es uno de los espectaculares regalos de la vida.

Tal y como viene siendo el caso desde hace ya muchos años, viajé por el mundo y me entrevisté íntimamente con muchas personas. Superamos las barreras del lenguaje y de las costumbres al encontrarnos con los corazones y las mentes abiertos. Me siento bendecido por poder participar en compartir este legado que ha dejado mi querido Ramesh… aunque a veces cuando me oigo a mí mismo decir algo particularmente descabellado me viene inmediatamente una imagen de Ramesh sacudiendo la cabeza y sonriéndome con tolerancia (una mirada que pude ver en numerosas ocasiones).

Estamos en esta Enseñanza Viva. Pulsa y late llena de vida en todos sus aspectos vitales. Nos acaricia y nos apuñala y mientras lo hace no deja de SER nosotros mismos. ¡Vaya locura de milagro! ¡Espero que podáis uniros a mí para celebrarlo AHORA!

Con mucho amor,
Wayne

Enero 2010

Hola queridos míos:

A menudo la gente apunta al dolor y la miseria humana y pregunta por qué existen. Esta Enseñanza Viva no ofrece respuestas sencillas. La palabra clave en esto es "sencillas". La estructura del Universo, del que los seres humanos son solo una parte diminuta, es infinitamente vasta y compleja. El cerebro humano simplemente carece de la capacidad de procesamiento necesario para ver todas las conexiones y relaciones del Universo. Por lo tanto cualquier respuesta a POR QUÉ las cosas suceden resulta incompleta, simplista (no importa cuán complicada sea) y, en el fondo, arbitraria.

Cuando nos enfrentamos a imágenes de dolor y miseria humana, como sucedió recientemente tras el terremoto de Haití, muchos de nosotros nos sentimos tocados y conmovidos. Empatizamos, lo cual quiere decir que sentimos dentro de nosotros parte del dolor de los otros. Es una de los aspectos de ser un humano. Solo los más espiritualmente inocentes lo desestiman como algo irreal, una aparición, un sueño. Después de todo, es tan real como nosotros mismos, y es lógicamente ridículo afirmar la propia irrealidad de uno. Dependiendo de la naturaleza de cada uno, podemos sentirnos inclinados a la acción o a intentar comprender o, lo que es más probable, a una combinación de ambas cosas.

Puede merecer la pena investigar por qué queremos comprender. ¿No será por qué nos incomoda no saber? Cuando uno no comprende, resulta incómodo sentir que uno no tiene el control. Si esto es así, entonces la comprensión que se busca es en realidad un vehículo para la comodidad. Siendo la comodidad el objetivo, hay muchas maneras de conseguirlo, por lo menos de manera temporal. Explicaciones religiosas, explicaciones filosóficas y explicaciones científicas. Todas pueden aportar un grado de comodidad si no se examinan demasiado profundamente.

La Enseñanza Viva se basa en mirar en profundidad. Si uno se aplica con seriedad, SÍ, se sentirá incómodo, porque la Enseñanza le empuja a uno a salir de la zona de confort. Si se da la Gracia, uno es empujado fuera del nido hacia una caída libre que es la Comprensión mística… sin conceptos, abierta y libre. Es un espacio de potencial infinito en el que uno se conoce siendo TANTO lo Ilimitado COMO lo limitado. Ojalá os encuentre ahora.

Con mucho amor,

Wayne

FEBRERO 2010

Hola queridos míos:

El cautiverio de la certidumbre.
Creer que uno conoce la verdad es vivir en una prisión. Desde ese lugar no puede haber más movimiento. Quizás sepa uno que todo es Uno. Quizás sepa uno que no existe o que todo es una ilusión. Todo aquello que uno sabe con convencimiento de que es verdad son grilletes que restringen el libre movimiento.

Así SON las cosas. Sin embargo ocasionalmente llega el valor de escapar. Se abre una grieta en el muro de la celda y uno comienza a abrirse camino a través de ella hacia la luz del otro lado. Es un paso muy estrecho y para poder entrar hay que dejarlo todo atrás.

Para caminar desnudo en un mundo en el que casi todos los demás van vestidos, desde luego hay que tener valor.

Ojalá os encuentre ahora.

Con amor,
Wayne

MARZO 2010

Hola queridos míos:

No soy el cuerpo.
No soy el cuerpo.
Y sin embargo SOY.

Entonces qué es el cuerpo?

¿Una ilusión? ¿Un fastidio?
¿Un vehículo para el placer? ¿ para el dolor?
¿El frágil recipiente de una vida vivida?

Mientras estaba en la sala de emergencias, con mi ritmo cardiaco descendiendo hacia las 30 pulsaciones, no tenía miedo de morir...
Pero sí tenía planes y deseos.
Quería ver a mi hija y a mi nieta, que llegarían en dos días.
Quería saber qué tal le iba a ir a mi esposa Jaki con su nuevo libro.
Quería disfrutar de unas pocas buenas comidas más.
Quería hacer el amor un poco más.
Quería bucear otra vez.

Este cuerpo nació en la era de la magia tecnológica.
Los sanadores llegaron e impusieron sus hábiles manos.
Se insertó y se conectó un aparato a mi corazón.
Fui resucitado.
Mi corazón late con fuerza y regularidad.

Cada día de vida es un milagro
En el que la Unidad se mueve como los muchos.

No soy el cuerpo
Y sin embargo SOY.

Con mucho amor,
Wayne

ABRIL 2010

Hola queridos míos:

De los muchos conceptos complejos y a menudo confusos que surgen en esta Enseñanza, quizás uno de los más difíciles es la distinción entre dualidad y dualismo.

Esto se hace todavía más confuso porque a menudo se llama a esta Enseñanza No Dualidad, cuando sería más correcto llamarla No Dualismo.

El Dualismo es por su propia naturaleza crítico y exclusivo. Sugiere que no existe Unidad ahora. La Unidad se imagina como el estado futuro perfecto en el que lo que actualmente se considera malo, cruel y doloroso será eliminado. Así, el Dualismo se conecta con el sufrimiento porque en el dualismo, Lo Que Es, tal y como se manifiesta en este momento – incluido por supuesto uno mismo – se considera incompleto, defectuoso y necesitado desesperadamente de una revisión. En el dualismo, la dualidad se considera un defecto que hay que superar. En el dualismo, la Iluminación se considera el final de la dualidad.

El término dualidad es descriptivo. Señala al hecho experiencial de que el Todo se manifiesta a través de la armonía de opuestos polares. El símbolo del yin y el yang expresa este principio de manera visual. Dualidad es un término que afirma Lo Que Es. INCLUYE lo negativo, lo doloroso y lo desagradable y reconoce que existen como parte de la Unidad. Por lo tanto, la dualidad se puede considerar la estructura del mundo fenomenológico, que se entiende como una manifestación del Origen. En la dualidad está implícita la aceptación de Lo Que Es–que por supuesto lo incluye a uno. En la dualidad, la Iluminación se considera el final del dualismo.

Espero que esto resulte de ayuda.

Con amor,
Wayne

MAYO 2010

Hola queridos míos:

Hoy (25 de mayo) es el cumpleaños de Ramesh. Normalmente, le hubiera llamado para desearle un feliz cumpleaños y preguntarle por su salud y si el monzón había llegado todavía y cuántos buscadores intrépidos estaban atreviéndose con el calor y la humedad para ir a las Charlas de por la mañana. Él me hubiera hablado de su último libro y quizás me preguntaría que me parecía este título o este otro. Me enteraría del último comentario precoz de su bisnieto y de las últimas idas y venidas de todos los familiares que viven en el edificio. Nunca hablábamos mucho rato, a ninguno de los dos nos gustaba demasiado charlar por charlar, pero establecíamos conexión. Escuchar la voz del otro traía calidez a nuestros cuerpos. Algo tan pequeño en realidad, dentro del gran diseño de las cosas, pero una parte tan fundamental de mi vida durante más de veinte años. Echo de menos no poder llamarle hoy. Me pone un poco triste. La tristeza es la otra cara de la alegría que siento por haberle conocido. Dos caras de la misma moneda que me enriquece.

Me siento muy agradecido. A menudo las personas se sorprenden cuando digo que... como si dijera algo poco Advaita... pero ¡esta vida es asombrosa! Que sea posible reír y llorar y sentir placer y dolor... mirar un cielo tan azul que hace daño y ver a un halcón ascendiendo en círculos por una térmica mientras mi nieta de nueve meses se arrulla contenta sobre mi pecho... ¡qué regalo!

Que vuestros días estén libres de la esclavitud de la filosofía (incluso de la filosofía de la no-dualidad) para que vuestros corazones puedan elevarse y vuestro espíritu pueda danzar incluso cuando estéis tristes y echéis de menos a alguien que queréis.

Con mucho amor,

Wayne

Junio 2010

Hola queridos míos:

Nuestras mentes quieren saber el "¿cómo?" y el "¿por qué?" de las cosas. Este impulso natural de querer saber es muy útil cuando se pone en funcionamiento en el mundo. Nos ayuda a organizar la enorme cantidad de información que nuestros sentidos traen hasta nuestros cerebros. Sin embargo, a la hora de percibir la Verdad, debemos dirigir nuestra mirada al "qué" de las cosas.

La Enseñanza Viva dirige nuestra atención a Lo Que Es en este momento. El Ver que promueve es preintelectual. Es el delicado beso de una curiosidad parecida a la de un niño que se aplica a todo lo que tocan los sentidos… y más allá.

El proceso está sucediéndoos a vosotros y a través de Vosotros. Relajaos y disfrutad cuando podáis.

Con mucho amor,

Wayne

Julio 2010

Hola queridos míos:

"¿Cómo lo reconoceré cuándo lo vea?"
"¿Cómo debo mirar?"

Estas son las preguntas que inevitablemente surgen cuando digo, "Mirad en profundidad. Ved lo que hay más allá de la superficie."

No existe un "cómo" mirar. Es como respirar. Sucede. Por supuesto que uno se puede entrenar para modificar su respiración, pero la propia respiración no requiere ningún esfuerzo o habilidad. Igual que vuestra respiración, este mirar está sucediendo continuamente. Lo que la Enseñanza puede aportar es conciencia sobre Lo Que Es... aquí, ahora, en este momento eterno. Para verlo, solo hace falta mirar.

La pregunta "¿Cómo hago este mirar?" está generalmente relacionada con la persistente participación del Falso Sentido de Autoría. El trabajo del FSA consiste en proclamarse responsable de lo que haces, por lo tanto cuando uno se plantea hacer algo, aparece un revestimiento inevitable de tensión y miedo. "¿Qué pasa si fracaso? ¿Qué pasa si lo hago mal?" Cuando el FSA está activo y proclamando ser el "Yo" que hace las cosas, no puede haber paz.

Mira en profundidad sin un "cómo".
¿Cómo?
¡¡Simplemente hazlo!!

Mucho amor,

Wayne

Agosto 2010

Hola queridos míos:

Ramesh solía hablar de lo que él llamaba vivir de manera no volitiva. Vivir de manera no volitiva significa actuar sin una pretensión de autoría sobre las propias acciones. A él le gustaba señalar que vivir de manera no volitiva quiere decir vivir en armonía con Lo Que Es, pero no le faltaba tiempo para añadir que decidir de manera volitiva vivir de manera no volitiva no tenía muchas probabilidades de éxito.

Vivir de manera no volitiva es reconocer el verdadero estado de las cosas. Es ver que enfadarse es resultado de las mismas fuerzas responsables del cambio de estaciones o de la transformación de un capullo en flor. Es ver que lo que somos es lo mismo que lo que es todo lo demás. Es reconocer que todas las cosas forman un Todo inseparable.

Totalmente simple. Totalmente obvio... en el momento que uno lo vislumbra. A partir de ese momento algo cambia para siempre.

Mucho amor,

Wayne

Septiembre 2010

Hola queridos míos:

Septiembre es un mes significativo para mí. Fue en septiembre de 1987 cuando Ramesh Balsekar entró en mi vida y fue en septiembre de 2009 que su presencia física salió de mi vida. Es imposible explicar a alguien que no ha vivido una relación gurú/discípulo lo que esto significa. Es fácil que aquellos que no la hayan conocido la ridiculicen o minimicen.

Me viene a la memoria la frase: ¡Aquéllos que eran vistos bailando, eran considerados locos por quienes no podían escuchar la música!

Una de las mayores bendiciones de mi vida ha sido haber escuchado la música y haber bailado esa danza sagrada con Ramesh. El que otros lo entiendan o no, carece de importancia. Hace veintitrés años me enamoré de un diminuto banquero indio y mi vida cambió de manera irrevocable. A pesar de que su cuerpo ya no exista, sigue viviendo en mí como una poderosa presencia. A menudo pienso en él y honro su inspiración y orientación en cada Charla que me piden que dé.

Ramesh era la persona más generosa que conocí jamás. A todos los que acudían a él les dedicaba tiempo y energía, continuamente. Incluso en su lecho de muerte, siguió estando disponible para aquellos cuya devoción les había llevado a estar a su lado. Era un gran hombre, un maestro excelente y mi gurú.

En este primer aniversario de su muerte, celebro el regalo que fue y que sigue siendo. A través de sus libros y sus grabaciones seguirá contribuyendo a disipar la oscuridad para incontables personas que nunca le conocerán en carne y hueso. En cuanto a aquellos de nosotros que fuimos agraciados con la oportunidad de sentarnos a sus pies, seguirá vivo en nuestros corazones para siempre.

Con mucho amor,

Wayne

Octubre 2010

Hola queridos míos:

Este mes han aparecido dos libros en la tienda de Advaita Press y debo decir que estoy encantado con ambos.

El primero es una reedición del libro de Ramesh *De la Consciencia a la Consciencia* que llevaba mucho tiempo agotado. Me llena de alegría porque fue el segundo de los libros de Ramesh que publiqué y me recuerda esa verdad tan grande de que antes o después todos metemos la pata. Corría el año 1988 y era la primera vez que mi querido amigo Rifka y yo intentábamos organizar la gira de Ramesh en los Estados Unidos. Ramesh acababa de recibir de Ben el manuscrito del libro y estaba ansioso de que estuviera listo para la gira. No había tiempo para sacar un libro perfectamente encuadernado, así que opté por una encuadernación grapada más sencilla. Después de mucho correr de acá para allá, el librito se imprimió y se recogió de la imprenta la noche antes de que Ramesh llegara a Los Ángeles. Al día siguiente emprendimos el viaje en coche a lo largo de la costa. Durante las Charlas en Tiburon alguien se me acercó agitando el librito titulado *De la Conciencia a la Conciencia* diciendo, "¿No debería haber otra 's' en 'conciencia'?" Se me hundió el corazón de golpe. ¡¡¡Había escrito mal la palabra "consciencia" en la mismísima portada (donde nadie se daría cuenta)!!! El libro se ha vuelto a publicar con la palabra "consciencia" escrita correctamente, y el contenido sigue tan vivo y relevante hoy como lo era hace más de 20 años.

El segundo libro es *Calm Is Greater Than Joy* (La Calma es más Grande que la Alegría), editado por Shirish Murthy (podría decirse que el devoto de Ramesh más entregado). Aquellos de vosotros que visitarais a Ramesh en Bombay recordaréis a "Murthy" como aquella presencia servicial, amable y de voz suave que guiaba a las personas a sentarse en la "silla caliente" delante de Ramesh. Su libro es una fascinante comparación de las Enseñanzas de Ramana Maharshi, Nisargadatta Maharaj, Ramesh Balsekar y la mía. Ha seleccionado muchos temas diferentes y presentado comentarios de cada uno de nosotros cuatro en relación con cada uno de los temas. Es un libro excelente; obviamente un trabajo hecho con amor por alguien que tiene una comprensión profunda de la Enseñanza.

Con mucho amor,
Wayne

Noviembre 2010

Hola queridos míos:

Hoy me encuentro más malhumorado y beligerante de lo normal. Quizás es el jet lag, o el tiempo o quizás es simplemente mi yo más profundo que emerge... sea lo que sea, me siento motivado para escribir sobre la última moda no dual de "no existo". Me parece escuchar esto cada vez más a menudo: las personas que se dan cuenta de que no existen son informadas por otras personas de que esto quiere decir que se han iluminado y se montan un chiringuito para ayudar a otros a darse cuenta de que tampoco existen. Supongo que es inevitable (todos los indicadores hacia la Verdad acaban volviéndose tóxicos antes o después), pero me complica mucho el trabajo y, a pesar de mi papel de Amor Total y Aceptación Suprema, me irrita una barbaridad.

Yo mismo utilicé ese mismo indicador durante muchos años. A menudo solía decir: "Nadie en toda la historia de la humanidad se ha iluminado y no vas a ser tú el primero." O "la Iluminación es ver que no hay nadie que se pueda iluminar." Estas afirmaciones pretendían provocar una profunda investigación sobre la naturaleza de quién uno cree ser... nunca ser tomadas de manera literal. Pero la mente siempre está buscando algo sólido que pueda agarrar y conocer... incluso algo negativo como "no existes".

Ramesh solía decir que el sabio era el maha-boghi, el disfrutador supremo o experimentador supremo. Esto contrastaba directamente con la idea generalizada de que la iluminación conlleva una uniformidad vacía, en la que todo se ve como una ilusión o una generalidad gris y apagada en la que se sabe que todo es lo mismo.

El sentido del yo, de manera que uno se pueda reconocer como algo diferente a la butaca, es una realidad funcional. Lo que les sucede a los humanos es que a la edad aproximada de 2 años y medio, este sentido del yo es secuestrado por una falsa sensación de que el-uno-mismo-es-el-autor (falso sentido de autoría). El FSA es como una hiedra que crece y trepa por un árbol hasta que finalmente lo cubre y uno ya no es capaz de imaginarse el árbol sin la hiedra. Uno llega a la conclusión de que para deshacerse de la hiedra, hay que talar el árbol. Pero si uno tala el árbol, ¿qué es lo que queda para experimentar la vida?

Sin embargo, si uno se deshace de la hiedra, lo que le queda es un árbol saludable y hermoso para disfrutar. El sentido de uno mismo, cuando no está cubierto del parasítico FSA es verdaderamente algo bello. Es el vehículo para la vida, el amor, la felicidad, la tristeza, el dolor, el sufrimiento, la alegría y el asombro. Toda la experiencia está conectada a uno que experimenta y ese es el Uno Mismo, que se expresa a través de vosotros.

Con mucho amor,
Wayne

DICIEMBRE 2010

Hola queridos míos:

El final del año es frecuentemente un momento para reflexionar y evaluar, un momento para valorar las cosas. Al hacerlo, está bien recordar que la vida se compone de opuestos polares... bueno y malo, placer y dolor, felicidad y tristeza. Demasiado a menudo existe una sensación de que las cosas no deberían ser como son... particularmente los aspectos desagradables y dolorosos de la vida. Es una zona muy fértil para que se entrometa el FSA (falso sentido de autoría)... que es la pretensión de haber podido hacerlo mejor y la idea de que SI uno lo hubiera hecho mejor, entonces la vida hubiera sido mejor.

El antídoto para el sufrimiento que conlleva sentirse responsable de los males de la vida (si no de todos, por lo menos de parte de ellos) es simplemente darse cuenta. Contamos con la bendición de tener esta maravillosa Enseñanza que a menudo estimula ese darse cuenta. La Enseñanza es tan clara y tan elemental. Es como el agua. Uno puede ver a través de ella pero, como el agua, le sostiene y le lleva a uno. Es también como el aire; no lo puedes ver, pero te sostiene. En una claridad así, no hay impedimentos para ver lo que hay más allá. Es un gran regalo.

Al mirar atrás al año que termina, no os olvidéis de incluirla en el lado positivo de la contabilidad.

Os deseo toda la paz, en medio del éxtasis vibrante y la exquisita agonía que la Vida contiene.

Con mucho amor,

Enero 2011

Hola queridos míos:

¡Muchas gracias a todos los que me habéis ayudado a celebrar los 60 años de vida! Fue una fiesta maravillosa y me conmovió el aluvión de amor y devoción expresado por muchos de vosotros. De los muchos regalos que he recibido en esta vida, el más importante de todos es el regalo de haber conocido a Ramesh y haber sido agraciado con su asombrosa Enseñanza. El poder hoy compartir este regalo con otros me maravilla y me llena de gratitud. Que a otros les parezca valioso lo que hago me complace en gran medida.

Como sabéis, soy el maestro más insólito que pueda existir. Ni mi pasado como hombre de negocios alcohólico y adicto a las drogas ni mi temperamento introvertido (algunos dirían asocial) encajan con la imagen de un maestro espiritual. Para mí está claro que el modo en el que vivo actualmente y las cosas que hago actualmente no son la consecuencia de un plan o una aspiración mía, sino que el Universo se ha desplegado de esta manera particular.

La humildad y la gratitud no son cosas que se consiguen; son la consecuencia natural e inevitable de ver Lo Que Es, aquí y ahora, en este momento eterno. El modo en el que se da este ver es la esencia del Misterio Eterno que nos rodea.

Con mucho amor,
Wayne

FEBRERO 2011

Hola queridos míos:

La primavera llega
Y la hierba
Crece sola

Me encanta este haiku tan exquisito. Captura la sutileza y la simplicidad de esta Enseñanza Viva. La llegada de la primavera es un suceso. El crecer de la hierba es un suceso. El cerebro humano conecta estos sucesos en una relación simplista (no simple) de causa y efecto. La comprensión simple (no simplista) es que estos dos sucesos son aspectos de una Totalidad no fragmentada, inseparables el uno del otro y de todo lo demás.

El cerebro, siempre tan práctico, quiere saber ¿para qué demonios sirve este tipo de comprensión esotérica? ¿Cómo puede ayudarnos a cultivar más y mejor hierba? ¿Cómo nos da de comer? ¿Cómo puede enriquecernos? La respuesta es que no tiene ningún valor práctico. No nos ayuda a gestionar mejor la vida.

Pero su valor místico es inconmensurable. Nos permite estar en paz incluso cuando nuestras mentes y nuestros cuerpos están agitados... no como destreza, no como logro, sino como un acto de Gracia.

¡Ojalá os encuentre ahora!

Con amor,
Wayne

MARZO 2011

Hola queridos míos:

A menudo la enseñanza Advaita recibe duras críticas con respecto a la moralidad. Se asume de manera equivocada que si todo se considera Uno, entonces lo bueno y lo malo, lo correcto y lo equivocado no existen. En la Enseñanza Viva de Advaita, la moralidad se ve como una parte fundamental de la experiencia humana. En este momento todos nosotros tenemos un conjunto de valores relacionados con nuestro comportamiento. Por ejemplo, lo más probable es que sintamos que no está bien tratar mal a las personas que queremos. Hacer daño a alguien que queremos violaría nuestro código moral. Aun así, la mayoría de nosotros nos descubrimos de vez en cuando haciendo justamente eso. Hacemos daño a los que queremos enfadándonos o ignorándolos, a pesar de saber que está mal. ¿Por qué lo hacemos? ¿Cómo puede ser que actuemos en contra de nuestro propio código moral? ¿Podría ser que, al menos algunas veces, no tuviéramos poder para controlar nuestro propio comportamiento? Puede que valga la pena investigarlo...

La moralidad es simplemente una evaluación del comportamiento de acuerdo con un parámetro. La pregunta más profunda y más reveladora tiene que ver con el Origen del comportamiento. Una vez que empezamos a comprender cuál es el Origen verdadero de todo lo que pensamos, hacemos y sentimos, la evaluación moralista pierde su cruel energía. Sigue estando ahí como parte de nuestra composición humana, pero ya no nos hace sufrir.

No nos adjudicamos la autoría de nuestras acciones, pero tampoco somos sociópatas. Nuestra moralidad nos ofrece una oportunidad para intentar enmendar los agravios que hayamos infligido sin tener que hundirnos en la culpa y la vergüenza. Podemos mirar al mundo a los ojos, admitir que nos hemos equivocado, pagar los platos rotos si los hay y a continuación continuar con nuestras vidas. ¡Vaya bendición!

Ojalá os encuentre ahora.

Con mucho amor,
Wayne

ABRIL 2011

Hola queridos míos:

Una de las cosas que más me gustan en la vida es ver como la Enseñanza arraiga en alguien y comienza a crecer. Es lo emocionante de la primavera. Florecer y desplegarse. Lo más divertido es cuando la persona no es un buscador espiritual, sino alguien a quien el Universo ha sacado de su vida habitual y ha arrojado en el extraño mundo de una de mis Charlas. Vienen sin saber qué esperar, generalmente con algo de duda y confundidos por el nuevo lenguaje y el ambiente extrañamente cargado. Escuchan un poco y entonces fruncen el ceño y una pregunta sube a la superficie como una burbuja que hubiera estado atrapada bajo el agua mucho tiempo.

"¿Lo dices en serio?" preguntan.

"Sí. Pero necesitas mirar y verlo por ti mismo."

Puedo ver en su cara como la comprensión empieza a desplegarse como una planta a partir de una semilla en una de esas películas hechas con fotografía secuencial, alargándose hacia la luz. De repente se libera y hay un acelerón de actividad al ramificarse todas las implicaciones: entonces eso querría decir que… y eso querría decir que… ¿y qué pasa con la responsabilidad personal?

Es literalmente alucinante. Todo lo que uno asume sobre quién y qué es se viene abajo. ¿Cómo voy a vivir? ¿Ahora qué hago?

Esta Enseñanza Viva es capaz de incitar cambios enormes. Una vez que se vislumbra la verdad de Lo Que Es, no se puede volver atrás a la ignorancia total. La progresión puede ser rápida o lenta, pero es inexorable.

Como dice Ram Tzu:

Una vez que la Enseñanza agarra
Tienes un cáncer
Gradualmente irá tomando tu lugar
Hasta que no quede nada de ti

Con amor,
Wayne

Mayo 2011

Hola queridos míos:

El poder personal es la creencia de que "yo" tengo el poder de hacer que pasen cosas. Es la sensación de que "yo" tengo control sobre mí mismo y sobre mi entorno. Surge de la observación de que cuánto más poder tienes, más control puedes ejercer. Lo complicado de esta premisa es que una y otra vez se puede constatar que es falsa. El hecho es que el poder nunca es de uno. Fluye a través de uno y le controla. Una investigación en profundidad probablemente revelaría que este poder no solamente fluye a través de uno y le controla, sino que ES uno mismo.

Uno de los regalos sorprendentes de la Enseñanza Viva consiste en descubrir tu propia impotencia personal. La impotencia personal puede no parecer un regalo a primera vista, de hecho, si buscas en google la palabra "impotencia" verás en seguida que el mundo en general considera la impotencia un problema que requiere tratamiento. Otra de las paradojas de la Enseñanza es que la fuerza personal llega con el alivio de deshacerse de la carga de intentar ejercer un poder y un control que en realidad nunca tuviste. De repente puede que descubras que tienes energía extra: toda la que anteriormente estabas invirtiendo en el inútil intento de hacer que las cosas fueran como tú querías.

Igual que con todos los demás aspectos de la Enseñanza Viva, lo que estoy señalando hay que verlo para poder creerlo. Considerad la posibilidad de lo que estoy diciendo y ponedlo a prueba vosotros mismos. Mirad dentro para descubrir la Verdad, que está tan cerca de vosotros como vuestra respiración.

Ojalá os encuentre ahora.

Con amor,

Wayne

Junio 2011

Hola queridos míos:

Si tuvisteis la suerte de visitar a Ramesh en Mumbai, entonces seguro que tuvisteis el placer de conocer a su hermano Chaitan. Chaitan compartía el interés por la enseñanza Advaita que Ramesh tuvo toda su vida, y a menudo iban juntos a las Charlas de Nisargadatta Maharaj. Recientemente recibí un nuevo libro titulado *Dream of Consciousness* (Sueño de Consciencia), escrito por Chaitan, y me ha encantado su sencillez y su claridad. Es verdaderamente un libro precioso. Presenta las Enseñanzas de Ramana, Nisargadattta y Ramesh, que a menudo son complejas, de una manera ligera y accesible. Lo recomiendo encarecidamente.

Estoy a punto de emprender mi viaje favorito del año. Este fin de semana visitaré la preciosa ciudad de Barcelona con viejos y nuevos amigos antes de continuar hacia el este hasta Moscú y Kiev. Es una bendición enorme tener la oportunidad de compartir esta magnífica Enseñanza con tantas personas tan maravillosas.

El viaje culmina con un encuentro de una semana en la isla de Ibiza, durante el cual nos reunimos diariamente para celebrar Charlas, nadar y disfrutar de una comida estupenda. Es un gran placer para mí pasar una semana con el mismo grupo de personas y contemplar como el Silencio crece y el Ver se hace más profundo.

Lo bello de la Enseñanza Viva es que acoge la vida y el vivir en toda su totalidad. No tiene miedo del placer ni hace de la austeridad y la renuncia una virtud. Todo se entiende como una manifestación del Origen de la Vida. Así que disfrutad si podéis y sufrid si no hay más remedio, pero daos cuenta de que TODO está interactuando en perfecta armonía.

Con amor,

Wayne

Julio 2011

Hola queridos míos:

Creo que vale la pena repetir que la Enseñanza Viva tiene que ver con vivir. A veces, en medio de la emoción y el entusiasmo por alcanzar la Comprensión Suprema o la Espaciosidad Silenciosa y Quieta es posible perder de vista los milagros que abundan a nuestro alrededor. ¡La vida es sencillamente alucinante! Pero, por favor, no me creáis sin más o me pidáis que explique qué cosas son tan fantásticas. Es mucho mejor que miréis vosotros mismos. Si se da la Gracia, estas palabras pondrán algo en marcha dentro de vosotros. Quizás dejéis de leer un momento lo suficientemente largo como para echar un vistazo a vuestro alrededor o dentro de vosotros. Quizás vislumbréis la Unidad subyacente de todas las cosas que se manifiesta a través de todo lo que existe. ¿Qué podría ser más milagroso?

No se me ocurre nada más asombroso que caminar por el mundo sintiéndose cómodo dentro de la propia piel. Este es el regalo que viene de la mano de ver directamente quién y qué es uno verdaderamente.

¡Ojalá os encuentre ahora!

Con amor,

Wayne

Agosto 2011

Hola queridos míos:

A menudo veo que la gente se queda atascada en la Enseñanza al llegar a la relación entre lo Absoluto y lo relativo. Obviamente, en la vida diaria tenemos lo relativo, lo dualista, en lo que se dan los opuestos polares... tú y yo, verdad y falsedad, enfermedad y salud, bueno y malo. Sin embargo, todas las enseñanzas espirituales señalan hacia la Unidad que hay más allá de lo dualista. Cuántas veces habréis oído decir: "Yo no soy alguien, yo soy Eso!" Si se contempla esto desde una perspectiva no dual, la pregunta inevitable es: "¿Cómo puede existir la relatividad si todo es Uno?"

El que se pueda experimentar la apariencia de muchos mientras la Totalidad permanece intacta es la increíble y bella paradoja que implica estar vivo.

Dentro de la experiencia dualista hay una aparente separación, parece que hay esto y aquello aunque intrínsecamente sea todo Uno. La mejor manera de comprender la Unidad es como contenedor de lo dualista. Los opuestos polares son como ladrillos que componen la vida manifiesta. Por eso me gusta tanto la imagen del Océano (Origen, Dios, Quietud, Unidad) y las olas (tú, yo, estrellas, quarks). Dentro de esta imagen existen ambos de manera simultánea. Hay billones de olas únicas y, al mismo tiempo, una ola no es más que el Océano. Una ola no es nada más ni nada menos que un movimiento energético del Océano. A pesar de su apariencia, una ola no es un paquete de agua que se mueve. Lo que llamamos una ola es simplemente un movimiento de energía a través del Océano. No tiene ninguna sustancia identificable, más que como forma momentánea del Océano. Así que, ¿existe en realidad una ola?

Creo que Ramana Maharshi dio la mejor respuesta: "Es tan real como Tú."

Con amor,
Wayne

Septiembre 2011

Hola queridos míos:

Han pasado ya dos años desde que Ramesh se fue de este mundo. A menudo pienso en él. Su espíritu me infunde vida como el aire que respiro. Separado de mí y parte de mí al mismo tiempo. Pensar en él me hace sonreír. A veces es una sonrisa triste, al darme cuenta de que no puedo coger el teléfono y llamarle… no es que ninguno de los dos fuésemos chisposos conversadores telefónicos… pero el sonido de su voz y saber que estaba sentado en la silla de su dormitorio me reconfortaba y me hacía sentir bien. Generalmente, pensar en él me trae una sonrisa de asombro y de deleite, al sentir su presencia dentro de mí.

Pero lo que siento más a menudo es gratitud. Me siento agradecido por el regalo que Ramesh representa en mi vida. Encontrar y conocer al propio gurú es el mayor milagro. Han sido veinticuatro años y diez días desde nuestro primer encuentro. La sonrisa más grande me la trae el recuerdo de ese día y el reconocimiento de que, al entrar en aquella habitación no tenía ni idea de que mi vida iba a transformarse radicalmente de maneras que no podía imaginar. Tal es la belleza exquisita de la vida y de vivir… como lamer miel de una espina.

Sé que muchos de los que estáis leyendo esto también fuisteis tocados por Ramesh y su Enseñanza. Estoy seguro de que hoy os uniréis a mí para celebrar la vida de este Ser extraordinario.

Con amor,

Wayne

Octubre 2011

Hola queridos míos:

Hace años había un libro de autoayuda muy popular que se titulaba *Mujeres que Aman Demasiado*. Nunca lo leí, pero el título sigue persiguiéndome. ¿De verdad es posible amar demasiado? No lo creo. Desde luego que es posible esperar demasiado. Es posible meterse en una relación transaccional y que a uno le toque la peor parte. Es posible sentirse engañado y decepcionado cuando la otra persona no cumple con su parte del trato. Pero no es así como veo yo el Amor.

Para mí el Amor es completamente desinteresado y no transaccional. Este Amor se caracteriza por dar y no por recibir. Darlo todo.

Inclusive a uno mismo.

Es imposible dar demasiado en una relación así. Es imposible que a uno le engañen cuando uno no espera nada a cambio. Recibir un Amor así es ser aceptado totalmente tal y como eres.

Dar un amor así es conocer la Paz.

Con amor,
Wayne

Noviembre 2011

Hola queridos míos:

Nuestra única obligación en la vida es vivirla. La palabra obligación dentro de la Enseñanza Viva simplemente quiere decir que tenemos que hacerlo. No podemos elegir. Tenemos que vivir porque somos la propia fuerza de la vida, encarnada con una forma y un nombre concreto.

La pregunta que surge más habitualmente con esto es: "¿Cómo vivo mi vida sabiendo que no soy el autor de mis pensamientos, sentimientos y acciones?"

El hecho de que surja la pregunta indica que se está comprendiendo "no soy el autor" a nivel intelectual. Desde luego que es un buen punto de partida, pero esto indica que todavía no se ha comprendido en profundidad.

Al hacerse más profunda la comprensión, aparece el reconocimiento intuitivo de que estamos siendo vividos. Entonces la pregunta de "cómo vivo" se desvanece en la bruma. No es reemplazada por una respuesta, sino que simplemente desaparece.

El vivir espontáneo siempre está sucediendo, pero solo se experimenta como tal en ausencia del falso sentido de autoría (FSA). Cuando el FSA está presente, trae consigo la pesada carga de la responsabilidad personal. Todo el mundo puede remitirse a su propia experiencia y sabe que el tan glorificado concepto de responsabilidad personal solo se observa en raras ocasiones. A pesar de esto, persiste como un objetivo elevado. La noción de responsabilidad personal es el obstáculo más común a la aceptación intelectual de la Enseñanza Viva. Es el baluarte del FSA. Sin embargo, como tenemos el privilegio de comprobar, una y otra vez, incluso en los cimientos de las fortalezas más formidables pueden aparecer grietas, y de hecho aparecen. Al crecer y multiplicarse las grietas, pueden derrumbar la estructura completa y cuando el polvo se asienta, se revela la simple Verdad.

    Ojalá os encuentre ahora.

Con amor,
Wayne

Diciembre 2011

Hola queridos míos:

Si abrís los ojos y miráis a vuestro alrededor, no podréis por menos que maravillaros. La vida se muestra en toda su asombrosa diversidad. Como la mujer que solía sentarse a vender plátanos en la acera de la esquina del edificio donde vivía Ramesh en Bombay. Allí se sentaba, entre la suciedad y las nubes de humo de los tubos de escape, arreglada de manera inmaculada y serena, con su cesta redonda de plátanos delante de ella.

¿Ves los dibujos que hacen las sombras en la pared? Escucha el sonido del pequeño avión que te sobrevuela. Alguien desde ahí arriba mira hacia abajo y tú le pareces una mota de polvo, si es que te ve. Un pájaro salta de la verja a la tierra para comerse un gusano y otro pájaro se lanza para arrebatarle el almuerzo. Para el gusano probablemente no importe mucho cuál de los dos se lo coma, y a mí desde luego que me da igual, pero a los pájaros sí parece importarles. Se levanta viento y el bambú repiquetea una música primitiva. Me suena el estómago. En algún lugar alguien acaba de ganar la lotería y sus problemas económicos se han acabado, en seguida aparecerá una conjunto completamente nuevo de problemas. Mi hija me llama para contarme emocionada que está embarazada otra vez. Llega un correo electrónico anunciando el funeral de un viejo amigo. Pasa una chica guapa y mi mirada la sigue. Cierra los ojos y mira el espectáculo que se despliega detrás de tus párpados. Huélete los dedos y recuerda donde han estado.

Donde quiera que vaya vuestra atención, encontrará algo por descubrir. Solo necesitáis apartar la mirada de las demandas de "uno mismo" para daros cuenta del milagro que es la vida y estar vivo.

Ojalá os encuentre ahora.

Con amor,

Wayne

Enero 2012

Hola queridos míos:

Se me presentó una elección esta mañana. Podía sentarme a escribir un breve texto que Rebecca necesita para poder sacar el boletín de enero antes de fin de mes (y eso puede incluso ayudar a algunas personas). O podía pinchar en un link de lifehacker.com para añadir unas esponjillas a mis auriculares del iPod que eliminarían el ruido doméstico (no las necesito realmente y tendría que ir además a comprar una perforadora). Así que, ¿qué hice?
¡Guau, tendríais que ver estos auriculares, son una pasada! ¡¡Y silenciosos!!
Esta situación plantea la siguiente pregunta, "¿Qué nos hace comportarnos de maneras que son contrarias a lo que creemos que es lo mejor?" Si verdaderamente tuviéramos el poder de controlar nuestras acciones, ¿no haríamos siempre lo que nos parece que está mejor?¿Eludiríamos alguna vez nuestras responsabilidades o actuaríamos de maneras que contradicen nuestros valores?
Esta es una pregunta que uno debe responder uno mismo. Y no funciona decir simplemente, "Ya, pero es que soy perezoso." Eso puede ser cierto, pero evita entrar más profundamente a reconocer que uno carece de la capacidad de controlar su pereza siempre que quiera. Puede que uno sea perezoso pero, ¿se hizo uno perezoso a sí mismo? ¿O carece uno de poder sobre su pereza?
Uno puede haber recibido la gran bendición de tener mucho de eso que llamamos "autodisciplina". Esto quiere decir que sus acciones se corresponden más a menudo con

su sentimiento de lo que "debería" hacer. Sin embargo, aquí es aplicable también la misma pregunta esencial. ¿Creó uno su propio carácter o fue formado por incontables fuerzas más allá de su control?

Cuando uno se encuentra cara a cara con su propia y total impotencia, ha encontrado la clave para descubrir lo que Ramesh llamaba, "Paz y Armonía en la Vida Diaria."

Ojalá os encuentre ahora.

Con amor,

Wayne

Febrero 2012

Hola queridos míos:

El gurú es el que disipa las ilusiones. La ilusión principal es la de ser una entidad separada, independiente y poderosa. Pero además, hay muchas otras ilusiones secundarias. Para los seguidores de la enseñanza Advaita que llevan mucho tiempo en el camino, la ilusión más poderosa es creer que uno es el Origen. Esta creencia es particularmente seductora cuando se disfraza de conocimiento profundo. Es aquí donde el gurú resulta de más valor. Indiferente a cuestiones de doctrina o popularidad personal, el gurú puede ver el atasco del buscador y señalar el camino hacia la claridad (incluso cuando el buscador ya no se considera a sí mismo un buscador).

Desgraciadamente el ego (FSA) a menudo lucha hasta el límite de sus fuerzas en esta batalla. Ha tenido que retirarse a esta última posición defensiva de pretender conocer la Verdad. Tal y como a veces sucede, el buscador puede incluso encontrarse en la embarazosa situación de ser un maestro espiritual. Sea un maestro o un estudiante avanzado, e independientemente de las circunstancias de la vida, la Gracia se da. La ilusión se disipa. Aquello que siempre fue se revela. Profundamente sencillo. Maravillosamente ordinario. Aquí. Ahora. Eterno.

Con amor,

Wayne

ABRIL 2012

Hola queridos míos:

A menudo se me pide consejo, y nunca lo doy. Prefiero dar amor, apoyo y aceptación, sea lo que sea que la persona acabe haciendo. Incluso si no me gusta la acción, tengo claro que mi reacción tiene que ver conmigo y no con el otro. No hay ninguna duda de que lo que uno hace, sea lo que sea, es el producto de enormes fuerzas Universales y no podría ser de otra manera, igual que la luna no podría estar en otra posición que en la que está en este momento. Mi reacción a lo que hace esa persona recibe esa misma aceptación. No aparece ningún intento de entrar en que mi reacción podría o debería haber sido de otra manera. Todo se está desplegando de manera completamente perfecta. ¿Podría ser más sencillo?

Ojalá este Darse Cuenta os encuentre ahora.

Con mucho amor,
Wayne

MAYO 2012

Hola queridos míos:

El estado estático del Ahora es una de las alegrías supremas de la vida. Lo más importante que hay que recordar sobre el estado estático del Ahora es que viene y va. Además, no hay manera fiable de reproducir este estado, ni manera fiable de mantenerlo. La buena noticia es que cuando se va, no es por algo que uno haya hecho o dejado de hacer. ¡Uno no tiene la capacidad intrínseca de chafarlo!

Así que, si no se puede hacer nada (como autor) para que suceda o para evitar que suceda, ¿dónde le pone eso a uno? Por supuesto, la respuesta es muy sencilla:

¡Le pone a uno aquí, Ahora!

Con mucho amor,

Wayne

Junio 2012

Hola queridos míos:

Ser liberado de la esclavitud del uno mismo es darse cuenta de que ese yo que se adjudica la responsabilidad de las cosas es un fantasma, solo existe en nuestras imaginaciones inconscientes. Cuando esto se comprende por primera vez, resulta tentador deshacerse de la idea completa del yo y comenzar a identificarse exclusivamente con el Origen, pero con tiempo y madurez esto resulta innecesario.

Cuando exploramos la cuestión del yo en mayor profundidad, nos damos cuenta de que lo que nos mantiene esclavizados no es el yo, propiamente dicho, sino el falso sentido de autoría que ha secuestrado al yo y lo ha subvertido. Es una distinción sutil pero crucial la que estamos haciendo aquí, pero dedicarle atención puede evitaros muchas complicaciones y problemas. ¡No os podéis imaginar la cantidad de personas que a lo largo de los años se han acercado a mí para decirme llenos de orgullo que no son nadie!

Nisargadatta Maharaj lo dijo de una manera preciosa. "Cuando comprendas el significado de 'Yo' ya no habrá espacio para el egoísmo. Comprended esto plenamente, permaneced ahí y en su momento os daréis cuenta. Cuando llegue el momento, sucederá."

¡Ojalá os encuentre ahora!

Con mucho amor,

Wayne

Julio 2012

Hola queridos míos:

Hay que asumirlo. Nos mueven las necesidades de comida, sexo y territorio. Cualquiera que se haya encontrado alguna vez luchando una silenciosa batalla por unos pocos milímetros de espacio en el brazo del asiento de un avión lleno, cualquiera que haya puesto en peligro su familia y su reputación por una aventura sexual ilícita, cualquiera que haya dejado la comodidad de una cama calentita para ir a trabajar, conoce el poder de estas necesidades. Existen en un lugar más allá de la lógica, la razón y el buen sentido. Son primarias e implacables. Cuando nos encontramos con ellas, nos vemos reducidos a nuestra naturaleza básica. Es asombroso que seamos capaces de seguir haciendo como si tuviéramos el control y fuéramos los señores de nuestros destinos. Sin embargo, ese es precisamente el papel del Falso Sentido de Autoría. No es nada más que el señor del fingimiento. Cuando vislumbramos esto, la puerta hacia la libertad se entreabre.

Ojalá os encuentre ahora.

Con mucho amor,

Wayne

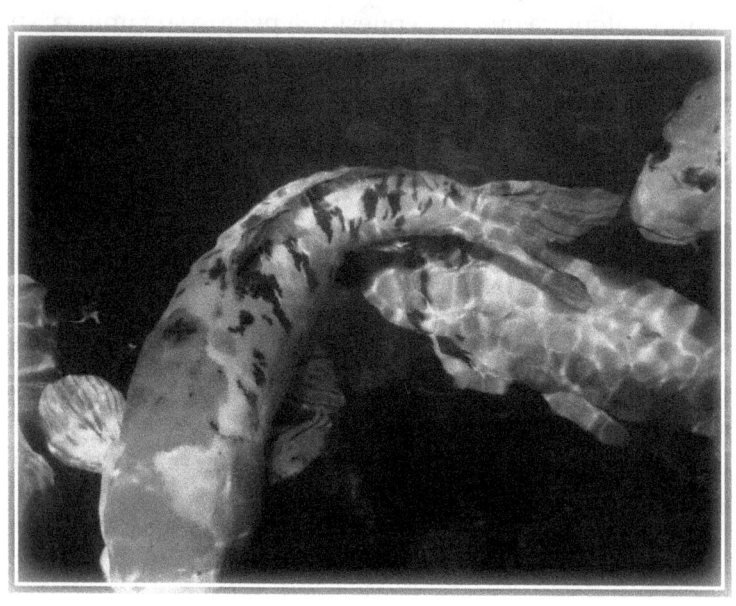

Agosto 2012

Hola queridos míos...

Me emociona hablaros de un proyecto en el que he estado trabajando estos últimos años. Es un libro titulado *The Way of Powerlessness — Advaita and the Twelve Steps of Recovery* (La Vía de la Impotencia – Advaita y los Doce Pasos de la Recuperación). Es importante para mí porque es el primer libro que he escrito desde cero desde *No Way* en 1989. Mis tres libros anteriores todos comenzaron como transcripciones de Charlas que después fueron editadas y mejoradas. El proceso de escritura siempre me ha resultado insoportablemente lento y errático, pero en este caso, finalmente se me ha dado el poder para terminarlo. Y lo que es más, creo que el resultado es bueno. Aúna dos temas que han estado en mi vida en paralelo durante veinticinco años.

El libro puede sorprenderos si no estáis familiarizados con los Doce Pasos de Alcohólicos Anónimos. En él encontraréis una serie de Pasos que han ayudado a millones de personas a encontrar una forma de vida basada en reconocer la impotencia y liberarse de la esclavitud del "yo" (lo que llamamos Falso Sentido de Autoría). Para aquellos agraciados con la capacidad de completar los Pasos, los resultados son casi siempre positivos, y a menudo bastante espectaculares. También puede resultar sorprendente cómo estos principios, que son tan prominentes en la enseñanza Advaita, aparecen reflejados en los Doce Pasos de la recuperación.

Inshallah, la publicación está prevista para el 1 de septiembre de 2012. Como siempre, ¡ya veremos qué sucede! Os informaremos tan pronto como lleguen los libros. ¡Espero que os guste!

Con mucho amor,
Wayne

Septiembre 2012

Hola queridos míos...

Este mes marca exactamente 25 años desde que conocí a Ramesh y mi vida cambió más allá de lo que jamás podría haberme imaginado. También en este mes se publica un libro, *The Way of Powerlessness–Advaita and the 12 Steps of Recovery* (La Vía de la Impotencia – Advaita y los 12 Pasos de la Recuperación) que ha aunado parte del tesoro que he recibido de manos de Ramesh y parte de la increíble sabiduría que representan los 12 Pasos de Alcohólicos Anónimos.

El hijo mayor de Ramesh se convirtió en adicto al alcohol en la última etapa de su vida y finalmente sucumbió a diversos problemas de salud. Algunos años después de su muerte, compartí con Ramesh algunos de mis pensamientos sobre mi propio alcoholismo y como me llevó hasta los 12 Pasos y finalmente hasta él. Me miró de frente con los ojos húmedos y dijo en voz baja: "El alcohol me quitó a uno de mis hijos, pero me trajo otro."

Me siento lleno de gratitud por todo lo que la vida me ha dado. El placer y el dolor. La alegría y la tristeza. Ramesh y los 12 Pasos. Me siento bendecido por poder compartir parte de esto con vosotros y con otras personas.

Poner un libro en el mundo es un poco como enviar a un hijo a la universidad. A partir de ese momento, todo sucederá fuera de nuestra vista – aunque de vez en cuando llamen a casa. Espero con ilusión las noticias ocasionales sobre cómo le va al libro, pero después de tantos años viviendo con él, me alegro de verlo marchar. Le deseo lo mejor.

En la vida se puede encontrar una Paz increíble. Está aquí mismo, permeándolo todo. La Enseñanza Viva de Advaita y los 12 Pasos son dos potentes indicadores hacia esta Paz. Ojalá os encuentre ahora.

Con amor,

Wayne

OCTUBRE 2012

Hola queridos míos:

He recibido muchas bendiciones en mi vida. No intentaré enumerarlas, porque son demasiadas, pero desde luego que al principio de la lista pondría a las Personas Amables y Cariñosas. Tengo la oportunidad de conocer a muchas personas así. Algunas entran en mi vida a través de la puerta principal de mi casa, que se abre cuatro días a la semana para las Charlas. A otras las conozco a través de las Charlas que doy cuando viajo. Otras me escriben o me envían correos electrónicos. Algunas están en la cárcel, algunas en ciudades o pueblos remotos en los que la enseñanza Advaita es algo tan insólito como la nieve en Samoa. Es una alegría tener conexiones tan ricas con la gente.

La otra cara de todo este placer es el dolor de perder a alguien con quien he establecido una conexión de corazón a corazón. Este fin de semana llegó el dolor de perder a Cat Asche y Chris Bava en un accidente de tráfico. Mi vida y las vidas de Cat y Chris se entretejieron durante más de una década. Cat editó mi libro *Aceptación de Lo Que Es* y fue increíblemente generosa en un momento en el que yo estaba necesitado. El corazón de Chris era tan amable y generoso como el de Cat. Era un hombre que se había enfrentado a muchos demonios en su vida y había emergido para compartir su fuerza y su esperanza con otros que estaban atrapados en la misma batalla. Les quería a los dos.

La Vida incluye el nacimiento y la muerte. Así son las cosas. Los humanos experimentamos la alegría y la tristeza.

Así son las cosas. Lo que ha sucedido, ha sucedido – no se puede deshacer – el "podría haber sido" no existe. Los cuerpos de Cat y de Chris se han ido y me siento muy triste, pero la energía de las personas que fueron y de cómo vivieron continúa en nuestras memorias y en las vidas de todo lo que tocaron. Simplemente reconocer esto es liberador.

¡Ojalá os encuentre ahora!

Con amor,

Wayne

Noviembre 2012

Hola queridos míos:

Me gustaría hablar un poco sobre la Gratitud.

En América se acaban de terminar las vacaciones de Acción de Gracias, que suele ser una ocasión para ver futbol americano por la tele, comer más de la cuenta y quizás tomarse un momento para echar un vistazo alrededor para ver si hay algo por lo que uno pueda sentirse agradecido. Esto último es lo interesante. Algunas personas son capaces de recitar sin ninguna dificultad una retahíla de cosas por las que se sienten agradecidos. Para otras incluso encontrar una sola resulta un reto. Por lo que a ellos respecta, el mundo se está yendo al carajo. El desastre económico está a la vuelta de la esquina. El casquete glaciar se está derritiendo. Hay cáncer por todas partes. El ambiente está cargado de violencia.

¿De qué depende esta diferencia?

Sería fácil despachar la pregunta con la simple observación de que algunas personas son optimistas y otras pesimistas, pero la cuestión es mucho más profunda. A primera vista es fácil ver que hay sucesos que consideramos buenos y otros que consideramos malos. Cuando nuestra atención se centra en lo bueno, nos sentimos contentos y optimistas, cuando se centra en lo malo, nos sentimos tristes y pesimistas. Los optimistas les dicen a los pesimistas que dejen de ser tan negativos y que se fijen en toda la alegría y la belleza que abunda por todas partes. Los pesimistas les dicen a los optimistas que bajen de las nubes y que reconozcan los enormes problemas que amenazan nuestra existencia misma.

Dentro del contexto de la Enseñanza Viva, la Gratitud transciende actitudes tan limitadas y polarizadas. Reconocemos que la vida es, por su propia naturaleza, rica y compleja. Contiene desde siempre las semillas de la aniquilación y de la resurrección. Es absolutamente imposible predecir lo que el futuro nos depara. En la Enseñanza Viva nos mantenemos en la sabiduría de AMBAS COSAS. Reconocemos tanto lo positivo como lo negativo como piezas esenciales que componen el mundo manifiesto. Sentimos gratitud por la falta de limitación que abre la posibilidad a cualquier cosa y vivimos cómodamente en la inmensidad del momento presente.

¡Ojalá os encuentre ahora!

Con amor,

Wayne

Hola queridos míos:

La vida es una danza. Estamos danzando... estamos siendo danzados... giramos y hacemos piruetas y saltamos y nos elevamos de pura alegría con esta danza. Aquí no hay nadie mirando. Todo es pista de baile. No importa si tenemos un compañero delante con el que bailar. Compartimos esta danza con todos los otros que danzan. Estamos todos juntos en un mismo salón de baile, unidos por la música, obligados a movernos a su ritmo.

No, no siempre es elegante. Nos chocamos los unos con los otros, nos tropezamos con pies... tanto ajenos como propios. A veces nos caemos.

Lo gracioso de esta danza nuestra... cuanto más nos esforzamos, más patosos nos volvemos. La elegancia la encontramos cuando soltamos. Cuando nos rendimos a la música, puede correr con libertad por dentro de nosotros. Nuestros cuerpos y mentes se mecen libremente, suavemente, sin esfuerzo. Es éxtasis en su forma más pura, más sencilla y más mundana.

Desde luego que estamos bendecidos si podemos escuchar los coros divinos, ¡incluso aunque aquellos que no oyen la música, piensen que los que danzamos estamos locos!

¡Que vuestra danza sea alegre y libre de esfuerzo en el año que entra!

Con mucho amor,

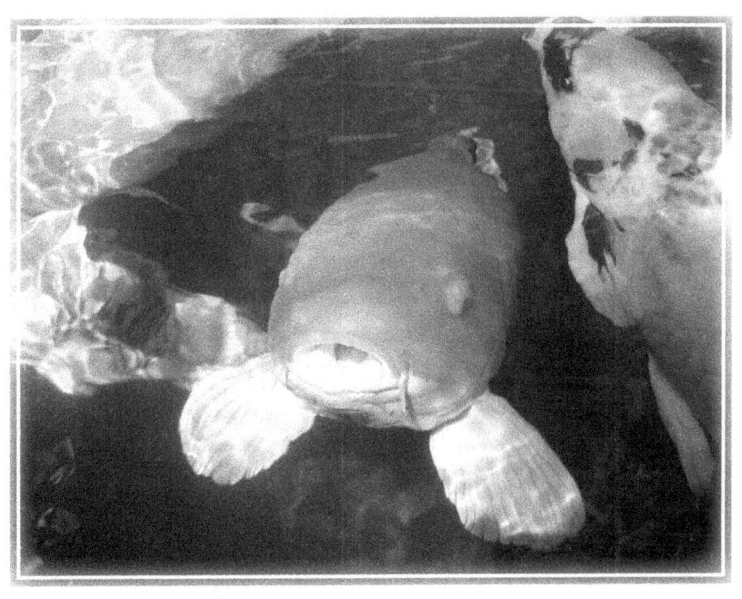

Enero 2013

Hola queridos míos:

La vida es tan sencilla. ¡No, de verdad, lo digo en serio! Hay millones de cosas que hacer y todo lo que uno tiene que hacer es hacerlas. Para empezar, respirar… uno necesita respirar… ¡no os olvidéis de esta parte! Pero, un momento… a menudo nos olvidamos por completo de respirar y aun así, seguimos respirando. Qué curioso. Y después viene planificar. Hay que planificar. Planificar es importante. Eso lo sabe cualquiera. Pero a veces uno está tan enfrascado ejecutando un plan que se olvida de planificar el siguiente. ¿Qué pasa entonces? Pues que las cosas siguen sucediendo a pesar de todo. A veces a uno le gusta lo que sucede y a veces no… lo mismo que con el resultado de lo que uno planifica.

Lo más importante de todo es tomar decisiones. Decisiones sin fin. ¿Levantarse de la cama o quedarse durmiendo? ¿Ir a trabajar o a la playa? ¿Comer o ayunar? ¿Hacer ejercicio o estar tirado? ¿Chocolate o vainilla? ¿Salvar el mundo o leer un libro? Uno puede incluso decidir dejar de tomar decisiones. ¿Qué pasa entonces? Me fastidia tener que contar el final, pero lo que pasa es que las decisiones siguen tomándose a pesar de todo. Quizás estéis empezando a daros cuenta de que va emergiendo un patrón en todo esto. Eso espero. Porque cuando uno reconoce que la vida está sucediendo, la simplicidad se hace obvia y aparece la paz. Ojalá os encuentre ahora.

Con mucho amor,

FEBRERO 2013

Hola queridos míos:

Todo lo que nace, muere. Este es el primer indicador de la Enseñanza Viva. Si has nacido, vas a morir. Hoy, mañana, dentro de un año, diez años, cincuenta, cien... dejarás de existir en forma y sustancia. Muchas personas se derrumban frente a esto, pero a veces uno tiene que derrumbarse para poder levantarse de nuevo.

Lo que pasa con el reconocimiento de que uno va a morir es que cuando uno realmente asume lo inevitable que esto es, comienza a vivir de verdad... lo que quiere decir saber completamente que ESTO que hay aquí mismo es Eso... no de manera aburridamente filosófica, sino profundamente, desde la intuición. Aparece el reconocimiento de que todo lo que jamás tendremos es lo que tenemos en este momento. El futuro puede llegar o no llegar e incluso si llega, probablemente no sea como lo hemos imaginado.

Cualquiera que haya tenido una experiencia cercana a la muerte lo sabe. Sea un accidente o una enfermedad o circunstancias extremas, lo que no mata, le deja a uno intensamente vivo... sintiendo cada molécula de aire sobre su piel, alerta, dándose cuenta de cómo la luz rebota sobre las hojas, sintiéndose agradecido tanto por los perfumes como por las pestes, enamorado de amigos y enemigos por igual.

Vivir teniendo presente la realidad de la muerte no tiene porqué ser un ejercicio morboso y deprimente. Si uno es capaz de atravesar el miedo inicial y adentrarse hasta el corazón de la muerte, puede que descubra una libertad inimaginable.

Ojalá os encuentre ahora.

Con amor,
Wayne

Marzo 2013

Hola queridos míos:

¿Os he dicho hoy que os quiero? Bueno, pues os quiero. Esto puede sonar un poco raro viniendo de un gurú de no dualidad/Advaita. Particularmente si uno asocia no dualidad/Advaita con la idea de que uno no existe (un estado en el que el amor es algo problemático como poco). Si alguno está convencido de que no existe, por favor, que deje de leer con toda libertad, no tengo ninguna intención de traer a nadie de vuelta de ningún sitio.

Si, en cambio, estáis dispuestos a enfrentaros al misterio profundo del nombre, la forma y la Unidad, entonces estáis en una posición en la que podéis amar y ser amados. Podéis bailar conmigo. Podéis susurrarme al oído todos vuestros secretos más vergonzosos y seguiré queriéndoos. Este amor está más allá de cualquier posible personalidad y es al mismo tiempo intensamente personal.

Nuestro amor existe no solo en el archivo de nuestra experiencia, sino en la eternidad de lo Intemporal. El hecho de que no os haya conocido nunca o nunca haya tocado vuestra piel no limita en absoluto la plenitud de mi amor por vosotros. Hablo, por supuesto, nada más y nada menos que del Amor de la Aceptación Total. Experimentar un amor así es bañarse en la radiante calidez del hecho de que uno es perfecto tal y como es.

¡Ojalá os encuentre ahora!

Con amor,

Wayne

ABRIL 2013

Hola queridos míos:

¡Me encanta el sexo! Me encanta lo salvaje que es. Como sacude a las personas y las hace impredecibles. Me regocija ver como la evidencia demuestra una y otra vez que el control que tenemos sobre él es, en el mejor de los casos, poco. Las sagas sin fin sobre políticos poderosos y líderes empresariales y espirituales derribados por su lujuria, en escenarios que solo pueden ser descritos como absurdos, le dejan a uno de una pieza. Cada una es una oportunidad perfecta para ser testigo de la Impotencia, aunque hay que reconocer que muy pocas personas parecen ser capaces de aprovecharla. Lo que lo hace todo tan dramático tiene que ver en parte con que las actitudes públicas hacia el sexo tienen muy poco que ver con lo que la gente de verdad piensa y hace sexualmente. Hay muchos "debería" alrededor del sexo.

Se nos dice:

"Si quieres a alguien, no deberías interesarte sexualmente por otra persona."

"El sexo debería estar relacionado con el amor. El sexo 'solo' por diversión está mal."

"Deberías enfocar tu energía sexual no en el sexo, sino en conseguir la Iluminación espiritual."

"El sexo es vulgar e indigno en una persona orientada hacia Dios," o, por otro lado, "La práctica sexual tántrica (con su énfasis en el control) es la forma más elevada de sexo."

"Uno no debería practicar sexo por dinero."

"Uno no debería practicar sexo con alguien de su mismo género."

"El sexo debería ser amable, suave y cariñoso." "Deberías honrar a tu compañero/a sexual."

La lista es prácticamente infinita.

¡El problema, por supuesto, es que contradice cómo SOMOS realmente los seres humanos!

La Enseñanza Viva señala el hecho de que el sexo es un aspecto integral de la Vida, y la Vida es salvaje y peligrosa, impredecible e incierta. Esta realidad se opone fuertemente a la compulsiva pretensión de control del FSA. De hecho, una de las grandes fantasías espirituales es que cuando se alcanza la iluminación, esta trae consigo un control perfecto. La fantasía plantea que el sabio controla su sexualidad hasta el punto de que, si es que sigue existiendo, se expresa de acuerdo con el código moral al uso.

La vida late, jadea y pulsa. Es un orgasmo que grita y que incluye dolor y placer a partes iguales. En la simple Aceptación de Lo Que Es, el sexo (sea como sea que se manifieste) se encuentra con la Paz.

¡Ojalá os encuentre ahora!

Mucho amor,

Wayne

Mayo 2013

Hola queridos míos:

Si os llamo buscadores espirituales, ¿os ofendo? En tal caso, no tiene sentido que sigáis leyendo, probablemente no obtendréis ningún beneficio de todas las simplicidades que puedo ofrecer.

Si SOIS buscadores espirituales, entonces es bastante probable que hayáis leído muchos libros espirituales de muchos maestros espirituales. Probablemente habéis asistido a Charlas, satsangs, retiros, conferencias y reuniones de diversos tipos. Si tenéis ordenador, sin duda habréis visitado sitios webs, vídeos de YouTube y webcasts. El resultado de todo esto es una cacofonía mareante de afirmaciones, conceptos e ideologías que se contradicen. Existen literalmente miles de maestros, algunos vivos, otros muertos hace mucho tiempo. Uno te dice que todo es un sueño y el otro te asegura que es la única realidad. Uno te dice que no existes y el otro que por supuesto que sí. Uno te dice que no puedes hacer nada y el otro que lo creas todo tú e incluso un tercero se instala entremedias para explicarte tranquilamente que solo hay una cosa que puedas hacer... despertar. Algunos adoptan nombres que suenen espirituales y otros mantienen los nombres que les pusieron al nacer. Algunos llevan atuendos espirituales y vaporosos y otros se visten como gente normal. Algunos son carismáticos y encantadores y otros son hoscos y poco especiales. Algunos insisten en que tienes que usar el corazón, mientras que otros te dicen que uses tu mente. Algunos vienen de linajes antiguos y bien establecidos, otros aseguran que la Iluminación es una patraña. Casi todos te advierten sobre los peligros de los demás.

Por supuesto, como buscadores espirituales, todo esto ya os lo habéis encontrado. No necesitáis que os cuente que es la selva. Probablemente ya os habéis peleado a vida o muerte con la pregunta imposible de quién dice la verdad y quién no. ¿Cuál es un verdadero maestro y cuál es un impostor? Con la esperanza de que os beneficiéis de la misma manera que yo lo hice, os ofrezco las palabras de mi gurú, Ramesh S. Balsekar. El decía: "El falso gurú y el gurú verdadero surgen del mismo Origen." Esto fue un poderoso indicador para mí, que señalaba la perfección que lo subyace Todo.

¡Ojalá os encuentre ahora!

Con mucho amor,

Wayne

Junio 2013

Hola queridos míos:

El amor del Gurú es el mayor de los regalos. Es incondicional. Uno no ha hecho nada para merecerlo y no necesita hacer nada para mantenerlo. No exige nada. ¡Ni siquiera requiere que tú quieras al Gurú! Tienes este amor a pesar de los muchos fallos y defectos de tu carácter. Es un amor que le encuentra a uno en el punto en el que esté y que le acompaña según cambia. El amor del Gurú es el Amor de la aceptación total. Lo incluye todo y a todos por igual... pecadores y santos, guapos y feos, vulgares y sublimes. Está ahí incluso cuando no se puede ver o sentir. No os dejará en todo el tiempo que estéis vivos, porque es vuestro derecho por nacimiento, vuestra recompensa por estar vivo.

Si se da la Gracia llega el conocimiento de este amor sin fin.

¡Ojalá os encuentre ahora!

Con amor,

Wayne

Julio 2013

Hola queridos míos:

Solo han pasado un par de días desde Gurú Purnima (la luna llena de julio en la que se honra y se homenajea al Gurú) y he estado disfrutando a tope del brillo del amor, la amabilidad y la generosidad que lo han acompañado. Revivo la alegría sin igual de mi relación con Ramesh cuando veo el placer de esta devoción en los ojos de aquellos que vienen a verme y en las palabras de los que me escriben.

En occidente, tener una relación como discípulo con un gurú a menudo se ve como una afrenta a la independencia y a la dignidad personal. Se imagina que tener un gurú es entregar el poder personal que uno tiene y en occidente en particular, el poder personal es el santo grial. ¡Cuánto más poder personal, mejor! No es algo que uno vaya entregando por ahí. (Excepto cuando existe una astuta estrategia de entregar el supuesto poder personal de uno para poder hacerse con un poder espiritual mucho más potente.)

Para mucha gente en occidente, ser un "discípulo" es sinónimo de ser un "pringao". Existen innumerables casos documentados de gurús que se hacían con el dinero de sus discípulos, practicaban sexo con sus esposas, hijas, mascotas y animales domésticos y destrozaban en general las vidas de sus discípulos. No dudo que estas historias son en su mayor parte fidedignas. Tanto oriente como occidente están hasta las cejas de gurús horribles, ineptos y corruptos. Pero igual que una flor de loto surge majestuosa de la suciedad contaminada, el Gurú aparece como la luz que hace que la oscuridad retroceda.

El Gurú es más que real. El Gurú es la realidad misma. El Gurú es omnipresente y eterno. El Gurú disipa la ilusión del poder personal y revela la Paz.

¡Ojalá os encuentre ahora!

Con mucho amor,

Wayne

AGOSTO 2013

Hola queridos míos:

La Esclavitud de la Técnica

La Técnica es la cadena y el grillete.
Te sujeta y te restringe.
Tan suavemente acolchada
que casi ni la percibes.

Te gusta porque es familiar
Y te promete el control.
Crees poder agitar la técnica como espada.
Y así proteger y conquistar.

Corres como un hamster en la rueda del progreso Satisfecho
con el éxito, que te seduce y exalta.

Pero la técnica es una seductora
que promete más de lo que puede dar.

Estas promesas te entretienen y distraen.
Y mientras sueñas con las glorias de la Maestría por llegar
La punzante belleza cotidiana te pasa por delante y no la ves.

La Maestría del sabio no reside en la técnica
¡La Maestría del sabio es permanecer en lo ordinario!

Ojalá os encuentre ahora....

Mucho amor,
Wayne

Septiembre 2013

Hola queridos míos:

Despertar es vislumbrar la Unidad de todas las cosas. Esto es el principio del viaje, porque esta comprensión raramente dura. Sin embargo, una vez que este despertar ha sucedido es imposible volver a la ignorancia, uno se ha transformado. Todos los que siguen la Enseñanza Viva ya han despertado a una consciencia expandida. Es esto lo que hace posible la experiencia de la Enseñanza. La Vida sigue desplegándose. La Enseñanza está siempre presente. La ola se mueve como el ritmo del Océano. A dónde vas, qué sientes y qué haces son cosas que, claramente, no están en tus manos.

Déjate estar con esto si puedes. Cuanto más profundamente abierto estés a la posibilidad, más libertad experimentarás.

Si se da la Gracia esta libertad se convierte en la única Realidad.

¡Ojalá os encuentre ahora!

Con amor,

Wayne

Hola queridos míos:

¿Alguna vez os ha visitado alguien de otra ciudad y al enseñarle la vuestra habéis empezado a apreciar de nuevo las cosas familiares a las que ya no dabais ningún valor? Cuando vuestra invitada se maravilla de las plantas y los árboles que son nuevos y exóticos para ella, empezáis a verlos de nuevo DE VERDAD. Lo mismo sucede con la calidad de la luz del cielo y los movimientos del tráfico y la arquitectura y el modo en el que los desconocidos se relacionan entre ellos al cruzarse en la acera. Volvéis a despertar a las canciones de los pájaros, al grafiti y a las modas y los olores que hacía mucho que se habían difuminado entre la cotidianeidad.

El gurú es simplemente eso, un visitante de otra ciudad, cuya presencia y consciencia le indican a uno que mire lo que hay AQUÍ. El gurú no añade nada… no hace falta… ya está todo aquí.

Si se da la Gracia, cuando llega el gurú, uno es capaz de invitarle a que entre, el corazón se abre y él muestra los milagros que abundan donde quiera que uno mire.

¡Ojalá os encuentre ahora!

Con amor,

Wayne

Noviembre 2013

Hola queridos míos:

¡La gratitud es lo mejor! Es la condición humana suprema. Cuando la gratitud lo agarra a uno, lo transforma. El mundo se convierte en un lugar de abundancia. Uno sabe que está enormemente bendecido. Las quejas se disipan. Los colores se hacen más brillantes. Uno se siente envuelto en un capullo de suave satisfacción. Está pleno. No hace falta añadir o quitar nada. Las cosas irritantes del entorno que se silencian y uno conoce la paz.

La gratitud es un regalo en sí misma. No la fabricamos ni la creamos a base de voluntad. Viene, como todas las cosas, de acuerdo con lo que Ramesh Balsekar llamaba la Ley Cósmica.

En presencia de la gratitud, el miedo no puede sobrevivir.

¡Ojalá os encuentre ahora!

Con mucho amor,

Diciembre 2013

Hola queridos míos:

Si sois espiritualmente avanzados, sabéis que el pasado, el presente y el futuro existen conjuntamente en el Ahora. Aun así, como somos humanos percibimos el tiempo de manera progresiva y consecutiva. Esto es algo bueno. Sin esta percepción lineal, todo parecería suceder al mismo tiempo y estaríamos mucho más ocupados de lo que ya estamos.

Una de las características que menos nos gusta del hecho de que el tiempo sea lineal es la sensación de que lo que ya ha sucedido nos limita. A menudo ansiamos liberarnos del pasado. Queremos reinventarnos, irnos a otro sitio, adoptar nuevos nombres, cambiar de profesión y de compañeros. Esto no funciona, por supuesto. Nunca ha funcionado. Lo que somos como personas es infinitamente más complejo que un puñado de aspectos fáciles de cambiar. En realidad somos la suma total de todo lo que hemos sentido, pensado y hecho anteriormente.

Si creemos que somos responsables de crear nuestras vidas, entonces esta enorme colección de experiencias pasadas es una carga enorme que tenemos que arrastrar mientras avanzamos. De hecho, es el peso del pasado lo que nos da la idea de que deberíamos cortar con él y empezar de nuevo.

Hay otra manera de verlo. Darse cuenta de que en nuestra humanidad somos creaciones y no el Creador. Aceptar que somos como somos, la suma compleja de todo lo que ha pasado antes. Y aún más importante, debemos darnos cuenta de que el cambio es inevitable e impredecible. Nuestra forma depende del pasado, pero este no nos limita. Sea evolución o revolución, el cambio llega. La mariposa no está limitada por haber sido una oruga. Su pasado es una parte integral de lo que es ahora.

Paradójicamente, cuando podemos ver esto y todo lo que implica, nos damos cuenta de que nosotros, como creaciones, no somos nada menos que el Creador manifestado.

¡Ojalá os encuentre ahora!

Con mucho amor,

Wayne

www.advaita.org

www.ingramcontent.com/pod-product-compliance
Lightning Source LLC
Chambersburg PA
CBHW060521100426
42743CB00009B/1399